www.ingramcontent.com/pod-product-compliance
Lightning Source LLC
LaVergne TN
LVHW010832051026
849532LV00007B/2673
* 9 7 8 9 3 6 9 0 8 3 6 9 5 *

الفاظ کا جادو

(علمی و تحقیقی مضامین)

عبد الماجد دریابادی

© Taemeer Publications LLC
Alfaaz ka Jaadu (Literary Essays)
by: Abdul Majid Daryabadi
Edition: February '2026
Publisher :
Taemeer Publications LLC (Michigan, USA / Hyderabad, India)

ISBN 978-93-6908-369-5
9 789369 083695

کتاب	:	**الفاظ کا جادو**
مصنف	:	**عبد الماجد دریابادی**
صنف	:	تحقیق و تنقید
ناشر	:	تعمیر پبلی کیشنز (حیدرآباد، انڈیا)
سالِ اشاعت	:	۲۰۲۶ء
صفحات	:	۱۰۴
سرورق ڈیزائن	:	تعمیر ویب ڈیزائن

فہرست

پیش لفظ

مولانا عبد الماجد دریابادی اردو ادب و صحافت کی اُن ہمہ جہت شخصیات میں سرفہرست ہیں جنہوں نے ہر صنفِ تحریر میں اپنا منفرد مقام بنایا۔ فلسفہ، تفسیر، سوانح، مرثیہ، طنز و نقد — کوئی میدان ایسا نہیں جہاں ان کا قلم نہ پہنچا ہو اور اہلِ فن نے اسے سراہا نہ ہو۔ ان کے مشہور کالم "سچی باتیں" نے نصف صدی سے زائد عرصے تک برصغیر کے سنجیدہ حلقوں کو فکری روشنی بخشی؛ لکھنؤ سے نکلنے والا ایک کالم ہندوستان و پاکستان کے بڑے اخبارات میں نقل ہو کر فوری طور پر شائع ہوتا تو یہ محض صحافتی کامیابی نہیں، ایک عظیم سوچ اور اسلوب کی قبولیت کی دلیل تھی۔ بارہ بنکی کا چھوٹا سا قصبہ دریا آباد ان کے نام سے عالمِ اردو میں مشہور ہو گیا۔

"الفاظ کا جادو" مولانا کے چار منتخب ادبی و فکری مضامین کا ایک ایسا مجموعہ ہے جو الفاظ کی تخلیقی قوت، قصہ نگاری کی نفاست اور دینی و سماجی سوالات کی گہرائی کو اجاگر کرتا ہے۔ یہ مضامین "مرزا رسوا کے قصے کچھ ادھر سے کچھ ادھر سے"، "قصہٴ

گل بکاؤلی: جھوٹ میں سچ"، "سچی باتیں" (سات کالم: 'بڑائی کیا ہے؟'؛ 'عالمی جنگوں کا مقصد اولین'؛ 'محرم الحرام'؛ 'دین نہیں تخریب دین'؛ 'دیوبند، ندوہ اور علی گڑھ'؛ 'دِلّی کے دو مسلم ادارے'؛ 'عید کا دن') اور "الفاظ کا جادو" پر مشتمل ہیں۔

"مرزا رسوا کے قصے کچھ ادھر سے کچھ ادھر سے" میں مولانا رسوا کی قصہ نگاری کے فن کو ایک نئے زاویے سے پیش کرتے ہیں؛ وہ دکھاتے ہیں کہ رسوا کا اندازِ بیان کس طرح حقیقت و خیال کو ملا کر ایک جادوئی دنیا تخلیق کرتا ہے، جہاں واقعات کی روانی اور کرداروں کی نفاست الفاظ کے جادو سے زندہ ہو جاتی ہے۔ "قصۂ گل بکاؤلی: جھوٹ میں سچ" میں وہ اس مشہور قصے کی ساخت، اس کی اخلاقی تہہ اور حقیقت کی تلاش کو کھوجتے ہیں؛ یہاں جھوٹ کی آڑ میں چھپا سچ اور انسانی نفسیات کی باریکیاں مولانا کی بصیرت سے اجاگر ہوتی ہیں، جو قاری کو قصہ کی نئی تفہیم کی دعوت دیتی ہیں۔

"سچی باتیں" کے سات کالموں کا انتخاب مولانا کے فکری تنوع کی جھلک پیش کرتا ہے: "بڑائی کیا ہے؟" میں تواضع و تکبر کا فلسفہ، "عالمی جنگوں کا مقصد اولین" میں انسانی ہمدردی کی تلاش، "محرم الحرام" اور "عید کا دن" میں دینی تہواروں کی روحانی گہرائی، "دین نہیں تخریب دین" میں مذہبی انتہا پسندی پر تنقید، اور "دیوبند، ندوہ اور علی گڑھ" اور "دِلّی کے دو مسلم ادارے" میں تعلیمی و دینی اداروں کی تاریخی اہمیت اور ان کے کردار کا جائزہ۔ یہ کالم نہ صرف فکری بصیرت سے بھرپور ہیں بلکہ زبان کی سلاست اور استدلال کی مضبوطی سے قاری کو متاثر کرتے ہیں۔

آخری مضمون "الفاظ کا جادو" مجموعے کا اصل جوہر ہے؛ یہاں مولانا الفاظ کی تخلیقی طاقت، ان کی نفسیاتی اثرات اور ادب میں ان کی مرکزی حیثیت کو بیان کرتے ہیں، یہ بتاتے ہوئے کہ الفاظ محض آوازیں نہیں بلکہ سوچوں، جذبات اور تہذیب کی ترجمان ہیں جو ایک اچھے ادیب کے ہاتھوں جادو بن جاتی ہیں۔

مولانا دریابادی کا اسلوب ان مضامین میں اپنی پوری آب و تاب کے ساتھ جھلکتا ہے: سادہ مگر سلیس زبان، شوخ استدلال، خود گفتگوئی کا فن، اور موضوع کی گہرائی میں اترنے کی صلاحیت۔ فلسفہ ان کا پسندیدہ موضوع ہونے کے باوجود بحثیں خشک نہیں، بلکہ بول چال کی روانی اور مثالوں کی مثال سے مزین ہوتی ہیں۔ مغربی و مشرقی روایات، دینی شعور اور ادبی بصیرت کا یہ امتزاج ان کی تحریر کو منفرد بناتا ہے۔

"الفاظ کا جادو" محض مضامین کا مجموعہ نہیں، بلکہ ایک عظیم ادیب کی فکری دنیا کا آئینہ ہے جو رسوا کی قصہ نگاری سے لے کر دینی و سماجی مسائل تک، ہر جگہ الفاظ کی جادوئی قوت کو زندہ کرتا ہے۔ آج کے قاری کے لیے یہ کتاب نہ صرف ادبی لذت کا ذریعہ ہے بلکہ سوچنے، پڑھنے اور لکھنے کے فن کو نئی جہت بھی عطا کرتی ہے۔

۱

مرزا رسوا کے قصے کچھ ادھر سے کچھ ادھر سے

مرنے کے دن قریب ہیں شاید کہ اے حیات
تجھ سے طبیعت اپنی بہت سیر ہو گئی

جس نے موت کو دعوت ان الفاظ میں ۳۱، ۳۲سال قبل دی تھی، اس کی شمع حیات واقعتاً اکتوبر ۱۹۳۱ء میں گل ہو کر رہی۔ موت کو جب آنا ہوتا ہے جب ہی آ کر رہتی ہے۔ شاعر کی طبیعت ممکن ہے حیات سے اسی وقت سیر ہو چکی ہو لیکن خود حیات اس وقت شاعر سے سیر نہیں ہوئی تھی۔ موت تو جبھی آئی جب اسے آنا تھا اور جب آئی تو بہتوں نے یہ بھی نہ جانا، کہ کس نام کے رسوا اور شعر وادب کے رسیا کو اپنے ہم راہ لیتی گئی۔ سدا رہے نام اللہ کا۔ بقا نہ کسی شاعر کو نہ شاعری کو، نہ ادب کو، نہ ادیب کو، کیسے کیسے افسانہ گو اور افسانہ نویس آئے اور کیسی کیسی مزیدار کہانیاں سنانے بیٹھے مگر، دیکھتے ہی دیکھتے خود انہیں کی زندگی افسانہ بن گئی۔ باقی رہنے والا بس جو ہے، وہی ہے۔

ذاتِ معبود جاودانی ہے
باقی جو کچھ کہ ہے وہ فانی ہے

جو رونقِ محفل ہوتے ہیں وہ ایک ایک کر کے اٹھتے جاتے ہیں لیکن محفلِ کی رونق جو کی توں! لسان العصر اکبر کے الفاظ میں،

دنیا یونہی ناشادیوں ہے شاد رہے گی
برباد کیے جائے گی، آباد رہے گی

ناول نویسی کی عمر اردو میں مرزا سوداؔ کی عمر سے بڑی ہے۔ سرشارؔ اور شررؔ اور دوسرے حضرات اپنے اپنے رنگ میں اس چمنِ کاغذی کی آبیاری شروع کر چکے تھے۔ کہنا چاہیے کہ انیسویں صدی عیسوی کے ساتویں اور آٹھویں دہے میں انگریزی ناول بھی اردو میں خاصی تعداد میں منتقل ہو چکے تھے جب کہیں جا کر مرزا محمد ہادیؔ، مرزا لکھنوی بی اے نے انیسوی صدی کے نویں دہے میں اس کوچہ میں قدم رکھا۔ آدمی پڑھے لکھے صاحبِ علم شریف خاندان تھے۔ شمار شہر کے متین وثقہ طبقہ اور اہلِ علم میں تھا۔ ناول نویسی کا مشغلہ اس وقت تک کچھ ایسا معزز نہ تھا، غرض کچھ وضع قدیم کا پاس، کچھ اپنے علمی وقار کا لحاظ، داستان سرائی کرنے بیٹھے تو چہرہ پر "مرزا رسوا" کا نقاب ڈال لیا، حالانکہ یہ نقاب تھا اتنا باریک کہ جو چاہے وہ ایک ایک خط وخال، ایک ایک بال باہر سے گن لے۔

اردو میں ناول بہتوں نے لکھے، اچھے اچھوں نے لکھے، پر ان کا رنگ سب سے الگ، ان کا انداز سب سے جدا، نہ ان کے پلاٹ میں "سنسنی خیزیاں" نہ ان کی زبان میں "غرابت زائیاں" نہ ان کے اوراق میں "برق پیمائیاں" اور نہ "کوہ تراشیاں" نہ

ان کے الفاظ "ترنم ریز" نہ ان کی ترکیبیں "ارتعاش انگیز" نہ ان کی تصویر رزم میں "برق پاشیاں" نہ ان کی داستان بزم میں "ابتسام آرائیاں۔" پلاٹ وہی روز مرہ صبح و شام کے پیش آنے والے واقعات جو آپ ہم سب دیکھتے ہیں۔ زبان وہی گھر اور باہر کی ستھری اور نکھری بول چال جو ہم آپ سب بولتے ہیں۔ قصہ کے مقامات نہ لندن، نہ ماسکو، نہ برلن، نہ ٹوکیو۔ بس یہی لکھنؤ و فیض آباد، دہلی والہ آباد۔ افسانے کے اشخاص نہ لندھور، نہ سندباد، نہ تاج الملوک نہ ملکہ زرنگار، بس یہی حکیم صاحب اور شاہ صاحب، راجہ صاحب اور نواب صاحب، میر صاحب اور مرزا صاحب، عسکری بیگم اور عمدہ خانم، امراؤ جان اور بوانیک قدم۔ کہتے ہیں کہ صاحب کمال لاولد رہ جاتا ہے، اس کی نسل آگے نہیں چلتی۔ اپنے طرز کا موجد بھی یہی ہوتا ہے اور خاتم بھی وہی۔ مرزا سودا کا بھی کوئی خلف معنوی آج تک پیدا نہ ہوا۔

پیش رو اکثر اور معاصرین بیشتر تکلفات میں الجھ کر رہ گئے۔ رسوا تصنع سے پاک اور آورد سے بے نیاز۔ ابھی ہنسا رہے تھے، ابھی رلانے لگے۔ مزاح وگداز، سوز و ساز، شوخی و متانت سبھی اپنے اپنے موقع سے موجود، لیکن آمد و بے ساختگی ہر حال میں رفیق۔ شستگی و روانی ہر گوشۂ بساط میں قلم کی شریک۔ جو منظر جہاں کہیں دکھایا ہے یہ معلوم ہوتا ہے کہ مرصع ساز نے انگوٹھی پر نگ جڑ دیا ہے، ہر نقل پر اصل کا گمان، ہر عرض میں جوہر کا نشان، تصویر پر صورت کا دھوکا، الفاظ کے پردہ میں حقیقت کا جلوہ۔

ناول بہر حال ناول ہی ہوتے ہیں۔ اخلاق کے مسائل اور تصوف کے مقالات نہیں ہوتے۔ اور پھر ناول بھی وہ جو نہ تاریخ ہوں، نہ اصلاحی۔ "شریف زادہ" کو

چھوڑ کر جسے ناول کہنا بھی درست نہیں۔ باقی ناولوں امراؤ جانؔ، ذاتِ شریف، افشائے راز اور اختریؔ بیگم کا پلاٹ تمام تر معاشی وخانگی ہی ہے۔ اور ناول میں بجز حسن وعشق کے مضامین اور ہجر ووصل کی داستانوں کے اور ہوتا کیا ہے؟ خیال ہوتا ہوگا کہ ان ناولوں میں نوجوانوں کے لبھانے اور نوعمروں کے جذبات نفسانی کے بھڑکانے کا سامان افراط سے موجود ہوگا۔ لیکن توبہ کیجیے، فحش وعریانی الگ رہی، رکاکت وابتذال بھی کہیں آنے نہیں پایا اور کہیں دو ایک جگہ جہاں صحیح مصوری اور سچی عکاسی کو اس کے سوا چارہ نہ تھا، وہاں بھی انداز بیان زیادہ سے زیادہ لطیف اشارہ وکنایہ کا رکھا ہے۔ بس یہ معلوم ہوتا ہے کہ راستے میں کوئی گندی نالی پڑ گئی ہے اور آپ ہیں کہ رومال ناک سے لگائے لپ جھپ لمبے لمبے ڈگ رکھتے اس سے گزرے چلے جا رہے ہیں۔

تقریباً ہر افسانہ شریف گھرانوں میں بار پانے کے قابل، پڑھتے جائیے اور حیاتِ بشری میں دَرک وبصیرت حال کرتے جائیے۔ آپ ادھر افسانہ کی لذت میں محو رہیں گے اور ادھر عبرت وہدایت کے گھونٹ بلا تکلف حلق سے اترتے چلے جائیں گے۔ کونین کی گولی پر شکر اس طرح لپٹی ہے کہ بڑے سے بڑے ضدی بچے بھی اس کو دیکھ کر پھسل پڑیں اور مچل مچل کر اس کی طرف لپکیں۔ ناصح کی تلخ نوائیوں کا رونا سب روتے آئے ہیں، یہاں حضرت ناصح گھل مل کر اور راز دار بن جاتے ہیں اور چپکے چپکے سرگوشیوں میں سب کچھ کہہ سن ڈالتے ہیں۔ کیا مولیٰ کی کریمی اور کارسازی ہے۔ غالبؔ نے کہا تھا کہ ع قیس تصویر کے پردہ میں بھی عریاں نکلا، یہاں ہادی "رسوا" ہو کر بھی ہادی ہی بنا رہا۔

مشاعرے آپ نے بہت سے دیکھے ہوں گے۔ ایک مشاعرہ کا نقشہ، مرزا صاحب کا کھینچا ہوا تصور کی آنکھوں سے ملاحظہ فرمایئے، "گرمیوں کے دن تھے۔ مہتابی پر دو گھڑی دن رہے چھڑکاؤ ہوا تھا تاکہ شام تک زمین سرد رہے، اسی پر دری بچھا کے اجلی چاندنی کا فرش کر دیا گیا تھا۔ کوری کوری صراحیاں پانی بھر کے کیوڑا ڈال کر منڈیر پر چنوادی گئی تھیں، ان پر بالو کے آبخورے ڈھکے ہوئے تھے۔ برف کا انتظام علیحدہ کیا تھا، کاغذی ہانڈیوں میں سفید پانوں کی سات سات گلوریاں سرخ صافی میں لپیٹ کر کیوڑے میں بسا کر رکھ دی گئی تھیں۔ ڈھکنوں پر تھوڑا تھوڑا کھانے کا خوشبودار تمباکو رکھ دیا تھا۔ ڈیڑھ حُمے حقوں کے نیچوں میں پانی چھڑک چھڑک کر ہار لپیٹ دیے تھے۔ چاندنی رات تھی، اس لیے روشنی کا انتظام زیادہ نہیں کرنا پڑا۔ صرف ایک سفید کنول دورے کے لیے روشن کر دیا گیا تھا۔ آٹھ بجتے بجتے سب احباب، میر صاحب، آغا صاحب، خان صاحب، شیخ صاحب، پنڈت صاحب وغیرہ وغیرہ تشریف لائے۔ پہلے شیر فالودہ کے ایک پیالے کا دور چلا، پھر شعر و سخن کا چرچا ہونے لگا۔"

رسمی انکسار کے بعد شعر سنائے جارہے ہیں اور داد بھی خوب مل رہی ہے، اسی انداز سے اور انہیں بچے تلے لفظوں میں جو مشاعروں کے لیے مخصوص ہو چکے ہیں بے تکلف احباب ہیں، آپس میں نوک جھوک بھی چلی جارہی ہے۔ کلام سارے کا سارا خود جناب رسوا کا ہے، اسی کو مختلف اصحاب کی زبان سے ادا کرایا ہے، امراؤ جان کا تخلص ادا رکھا ہے، کسی صاحب کے مقطع میں مخمور باندھا ہے۔ افسانہ گوئی کے وقت اپنے کو رسوا کے پردہ میں چھپاتے تھے۔ شاعری کی دنیا میں اپنا نام مرزا

کہہ کر چمکایا ہے۔ خوب خوب شعر نکالے ہیں۔ کچھ ادھر ادھر سے ملاحظہ ہوں،

دل میں کھب جائے گی قاتل کی ادا ایک نہ ایک
کارگر ہوگا کبھی تیر قضا ایک نہ ایک
کوئی حوروں پہ فدا کوئی بتوں پر شیدا
ڈھونڈ ہی لیتا ہے انسان خدا ایک نہ ایک

لطف زبان و لطف مضمون دونوں موجود۔ چھوٹی بحروں میں تو شناوری بہت ہی خوب کی ہے۔

شب فرقت بسر نہیں ہوتی!
نہیں ہوتی سحر نہیں ہوتی
شور فریاد تا فلک پہنچا
مگر اس کو خبر نہیں ہوتی
جان دینا کسی پہ لازم تھا
زندگی یوں بسر نہیں ہوتی
ہے یقیں وہ نہ آئیں گے پھر بھی
کب نگہ سوئے در نہیں ہوتی
اب کس امید پر نظر میری
شکوہ سنج اثر نہیں ہوتی
غلط انداز ہی سہی وہ نظر
کیوں مرے حال پر نہیں ہوتی

اے ادا آہم کبھی نہ مانیں گے
دل کو دل کی خبر نہیں ہوتی

بعض مشاعروں میں غزل کا ضمیمہ ہزل بھی ہوتی ہے۔ غزل کا نمونہ آپ نے دیکھ لیا۔ متانت بزم اگر اجازت دے تو دو شعر ذرا ہزل کے بھی سنتے چلیے۔

ہمیں رشک آئے اپنے سے ہمیں سے غیر ہو پیدا
ہم ایسے دو نظر آئیں اگر معشوق احول ہو

یہ کیا خوب دوئی میں وحدت دکھائی ہے اور وحدت سے دوئی نکالی ہے۔

کبھی گالی سنا بیٹھے کبھی جوتا لگا بیٹھے
حکومت کا مزا آئے اگر معشوق ارزل ہو

کسی عاشق نے کبھی کیوں اپنی شرافت کی یہ کفش کاری کی ہوگی۔ یقین ہے کہ نہ ایسے قافیے آپ کے سننے میں آئے ہوں گے، نہ مضمون کی یہ نازک خیالیاں۔

ابھی بھی بیان ہو چکا ہے کہ مرزا صاحب افسانہ نویسوں کے حلقہ میں رسوا تھے اور شاعری کی بزم میں مرزا۔ متعدد نظمیں، مثنویاں وغیرہ افسانوں سے بہت قبل کی کہی ہوئی ہیں۔ ۱۸۸۷ء میں ایک مستقل منظوم ڈراما، مرقع لیلیٰ مجنوں، کے نام سے لکھا۔ یہ غالباً پہلی تصنیفی کوشش تھی۔ نومشقی کے آثار جابجا نظر آرہے ہیں، اور سن بھی یقیناً نوجوانی کا رہا ہو گا، پھر بھی کلام بحیثیت مجموعی پختہ اور استادانہ ہے۔ لکھنؤ کی شاعری کا اس وقت عام رنگ کیا تھا؟ اب کس کے منہ میں دانت ہیں جو اسے صاف صاف بیان کرے۔ مرزا نے آنکھیں جس فضا میں کھولی تھیں اور نشو نما جس ماحول میں پایا تھا، چاہئے تھا کہ خود بھی آنکھ بند کر کے اسی ڈھرے پر چل پڑتے

لیکن خدا کی قدرت کہ جب محفل کے گرمانے کو اٹھے تو گل وبلبل، مہندی اور سرمہ، دوپٹہ اور آنچل کے مصنوعی مضامین کی جگہ دل کے جذبات اور قلب کے واردات ہی موزوں ہو کر زبان ودہن سے نکلے،

دن رات سیر کر کے سفید وسیاہ کی
تصویر کھینچتے ہیں تیرے جلوہ گاہ کی
کیا کیا ہے نامہ اعمال کو سیاہ
ہم شاعروں کو فکر رہی ہے گناہ کی
میری غزل دلوں پہ نہ کیوں کر اثر کرے
صورت ہے ہو بہو میرے حالِ تباہ کی

لیلیٰ مجنوں کا افسانہ محبت کسے نہیں معلوم، ڈراما میں وہی قصہ منظوم ہے جو عام طور پر زبان زد ہے۔ جابجا اپنی غزل بھی سناتے گئے ہیں۔ قصہ کے اجزاء کا دہرانا یہاں منظور نہیں، سیکڑوں مرتبہ کے سنے ہوئے پامال قصہ کے دہرانے میں لطف ہی کیا ہے۔ البتہ مرزا نے آج، انہیں آج سے ۴۵ سال قبل جو اصلاح لکھنؤ کے رنگ تغزل میں کر دی تھی، ذرا اس پر ایک اچٹتی سی نظر کر لیجئے،

بے نوائی ہو مقدر میں تو کیجئے عاشقی
یہ بہانہ خوب ہے ذلت اٹھانے کے لیے
اپنے صورت گر سے پوچھوں میں اگر مقدور ہو
کیا بنایا تھا مجھے تونے مٹانے کے لیے
ہجر کی شب کے بنانے میں بھی تھی اک مصلحت

طول آخر چاہیے تھا کچھ زمانے کے لیے

کہیں کہیں بے ساختہ اپنے معاصروں کی بولی بھی بول گئے ہیں۔ مثلاً

عشق کا کل یہ وہ سودا ہے جاتا ہی نہیں
مارے سے قید سے زنجیر سے کیا ہوتا ہے
کیا سنائیں تمہیں افسانہ ہجر کا کل
ایسی الجھی ہوئی تقریر سے کیا ہوتا ہے

لیکن عام انداز یہ ہے،

دیکھئے عالم تقدیر سے کیا ہوتا ہے
لاکھ تدبیر ہو، تدبیر سے کیا ہوتا ہے
اب سنا ہے کہ جفا سے بھی پشیمان ہیں وہ
اور پھر آہ کی تاثیر سے کیا ہوتا ہے
گوش مشتاقِ سخن دل متمنیٔ وصال
تو ہی کہدے تیرے تصویر سے کیا ہوتا ہے
کچھ کھٹک سی ہے کلیجہ میں مگر زخم نہیں
کیا بتائیں کہ ترے تیر سے کیا ہوتا ہے

قصے نثر میں ہوں یا نظم میں، ظرافت اور شوخی اگر ان کی جان نہیں تو ان کے لیے عرض لازم سے کم بھی نہیں، بلکہ جو ناٹک اسٹیج پر کھیلے جاتے ہیں ان میں تو کامک کا درجہ کچھ اس سے بھی بڑھ کر ہوتا ہے اور عاشقانہ مثنویوں میں تو شوخی کے ڈانڈے اکثر عریانی اور فحاشی سے مل مل گئے ہیں۔ مرزا صاحب ظرافت پر آتے

ہیں تو ہنساتے ہی نہیں، ہنساتے ہنساتے لٹا دیتے ہیں۔ ایک بازاری منچلا طرارنامی اسٹیج پر آتا ہے اور شرم وحیا کا جامہ اتار، باپ کے سامنے اپنی آشنا خیلا کا نام لیتا ہے اور پھر انہیں والد ماجد سے فرمائش یہ ہوتی ہے کہ ان سے ملوا دیا جائے۔ زبان، لب ولہجہ، الفاظ سب کے ٹھاٹھ وہی بازاریت اور لچپن کے ہیں۔ کہتا ہے،

مجھے خیلا سے ملوا دے ابے باوا ابے باوا
نہیں تو ہاتھ دھو مجھ سے ابے باوا ابے باوا
نہ میں بیٹا ہوں پھر تیرا نہ تو باوا ہے پھر میرا
جو کی پہلو تہی تو نے ابے باوا ابے باوا

جیسی روح ویسے فرشتے۔ پدر بزرگوار آخر ان کے بھی باپ تھے۔ جناب خونخوار خاں صاحب ایک پدرانہ دم خم کے ساتھ تن کر کھڑے ہوتے ہیں اور اگر پسر نتواند پدر تمام کند کے مصداق جواب اسی زبان میں دیتے ہیں،

یہ کیا انداز ہیں تیرے، ابے مردک ابے گرگے
یہ کیسے سیکھے ہیں شیوے ابے مروک ابے گرگے
ابے باوا ابے باوا یہ کیا بکتا ہے تو مرغے
ابے یہ گفتگو ہم سے ابے مردک ابے گرگے

سعادت اطوار بلند اقبال، اکڑ اکڑ کر اپنا فخریہ سناتے ہیں،

اڑائے خوب کنکوّے ابے باوا ابے ابے باوا
بڑھایا سات تاری پر تو اکثر تبیلی کاٹی
دیے وہ ڈور پر مانجھے ابے باوا ابے ابے باوا

لڑا میدان جب راجہ سے اور نواب دولہا سے
نکالے ہم نے بھی لگے ابے باوا ابے ابے باوا
کبوتر کی ہوا آئی تو لے کر ہاتھ میں چھینی
اڑائے خوب ہی پٹھے ابے باوا ابے ابے باوا
ہوا جب راگ کا لہرا ملے ہم تان سن خاں سے
بڑھائے خوب یارانے ابے باوا ابے ابے باوا
ہوا یاروں میں جب رہنا چرایا ماں کا سب گہنا
اڑائے خوب گلچھرے ابے باوا ابے ابے باوا

خونخوار خاں اب پورے خونخوار بنے ہوئے دانت پیس کر گرجتے ہیں،

گھرانے کی مٹائی آبرو کم بخت یوں تو نے
ابے تجھ سے خدا سمجھے ابے مردک ابے گرگے
اڑاتا ہے کبوتر تو لڑاتا ہے بٹیریں تو
ابے او الوّ کے پٹھے ابے مردک ابے گرگے
سناتا ہے ہمیں کیوں تو ہمیں کیا کام ہے اس سے
ابے او مرغی کے بچے ابے مردک ابے گرگے
ابے کیا کالا پانی پی کے تو آیا بھٹی سے
یہ کیسے آتے ہیں بھبکے ابے مردک ابے گرگے
ابے بیٹا ہے تو کس کا غلط ہے یہ تیرا دعویٰ
ہمارا نہ ہم تیرے ابے مردک ابے گرگے

اور مصرعہ تو یہ ارشاد ہوا ہے؟ ابے یہ گفتگو ہم سے ابے مردک ابے گرگے! کسی چمن اور سبزہ زار کی سیر کرتے کرتے دفعتاً آپ کے قدم ایک گندی گلی میں آپڑیں تو آپ بے اختیار یہی چاہیں گے کہ کہیں جلدی سے اتنا راستہ ختم ہو، اور آپ پھر کھلی ہوئی خوشبودار ہوا سے اپنے مشامِ جاں کو معطر کرنے لگیں۔ عجب نہیں کہ اس منظر سے بھی آپ کچھ اسی طرح بے زار ہوئے ہوں لیکن یہ محض آپ کے قدیم مشرقی معیار کا اثر ہے جو ایسے منظر تکلیف دہ نظر آئے۔ اس روئے زمین پر ایسے ایسے ملک بھی آباد ہیں جہاں نہ باپ کا ادب کوئی چیز ہے نہ بزرگوں کا لحاظ، بے باکی، بے تمیزی کا نام وہاں کی اصطلاح میں عین آزادی اور آزاد خیالی ہے۔ اور اب بیسویں صدی عیسوی کا وسط طے کر لینے کے بعد خود آپ کا ملک ان منظروں سے ناآشنا کب رہا ہے؟

مرزا صاحب نرے شاعر یا افسانہ نویس نہ تھے۔ فلسفہ و حکمت کے بھی رازدار تھے اور یہ رنگ بھی ان کا کہیں چھپتا نہیں ہے۔ مثنوی ہو یا غزل، ڈرامہ ہو یا افسانہ سب کہیں پھوٹ ہی آتا ہے۔ مجنوں کی حیرانیاں دکھاتے دکھاتے دفعتاً یہ خیال آ گیا کہ مجنوں تو مجنوں تھا ہی، جو بڑے بڑے ہوشیار اور فرزانۂ روزگار مانے گئے ہیں، انہوں نے بھی اس کارخانہ حیرت کے سمجھنے میں کیسے کیسے غوطے کھائے ہیں۔ یہاں تک کہ بعض تو ایسے بھکے کہ سرے سے صانع عالم ہی کے وجود سے انکار کر بیٹھے۔ ان دانش مندوں کی تردید انہیں کی زبان، اور اصطلاحات میں ملاحظہ ہو،

کھول تو آنکھ ذرا دیکھ تماشا کیا ہے
وہم ہے یا کہ حقیقت ہے یہ دنیا کیا ہے

تو یہ کہتا ہے ہیولیٰ کے یہ سب ہیں دھوکے
پھر ہیولیٰ بھی تو دھوکا ہے یہ دھوکا کیا ہے
پھر کہا تونے کہ دیکھا نہیں خالق کو کبھی
اِک ذرا غور تو کر جی میں تو کہتا کیا ہے
تونے دیکھا ہے انرجی و ہیولیٰ کو کبھی
پھر جو قائل ہے تو اس کا تجھے سودا کیا ہے
بے بنائے تو کسی کے نہیں بنتا کچھ بھی
تجربہ ہم کو بتادے کہ بتاتا کیا ہے
مان لے تو کہ نہیں کوئی بنانے والا
پھر قیاس اپنا ذرا دیکھ تو بنتا کیا ہے
اس کا ہونا نہیں واجب تو نہیں کچھ ممکن
پھر اگر کچھ بھی نہیں ہے تو یہ جھگڑا کیا ہے

مرقع کا خاتمہ لیلیٰ کی موت پر ہوتا ہے۔ وفاداری عاشق کی ضرب المثل ہے لیکن یہاں محبوب بھی پیکر وفا ہے۔ نوجوان لیلیٰ ناشاد و نامراد دنیا سے رخصت ہو رہی ہے، باپ کا محل کا محل کھڑا ہوا ہے، اسی محل کے ایک گوشہ میں یہ حسرت نصیب دم توڑ رہی ہے۔ دم واپسیں ہے اور اس وقت یہ بول نوعمر وناشاد مرنے والی زبان سے نکل رہے ہیں۔

ہم نہیں ان میں جو ہیں موت سے ڈرنے والے
اس کا کیا غم، یونہی مر جاتے ہیں مرنے والے

ہے خوشی موت کی خود زیست سے بیزار ہیں ہم
دم ٹھہر جائے، تو ہم کب ہیں ٹھہرنے والے
اب تو ٹھنڈک پڑی جی میں کہ ہوئے ہم برباد
آج تو خوش ہوئے الزام کے دھرنے والے
لو کہے دیتے ہیں، ہم قیس پر دم دیتے تھے
اب کدھر بیٹھے ہیں رسوا، ہمیں کرنے والے
پاک الفت تھی ہمیں اس کا خدا عالم ہے
پاک دل ہوتے ہیں اللہ سے ڈرنے والے
غسلِ میت مجھے دیتا ہے مرا دیدۂ تر
دیکھو اس طرح نکھرتے ہیں نکھرنے والے
اجلا اجلا وہ کفن اور وہ پھولوں کی مہک
مر کے بھی آہ سنورتے ہیں سنورنے والے

مجنوں دور سہی، اس کا تصور تو پاس ہے۔ اس خیالی پیکر سے جو جو وصیتیں ہو رہی ہیں، انہیں ذرا کڑا کر سن لیجئے،

مرے مجنوں کو مرے بعد یہ دینا پیغام
اے محبت میں مری حد سے گزرنے والے
تجھ پہ لیلیٰ ہوئی قربان تیری جان سے دور
دیکھ یوں بات پہ مر جاتے ہیں مرنے والے
بیوفا تو تو کہا کرتا تھا ہم کو اے قیس

تو سلامت رہے اے نام کے دھرنے والے

حشر کے دن تجھے اللہ سے لیں گے اے قیس

صبر کر صبر کہ یہ دن ہیں گزرنے والے

تو نہ کڑھنا تجھے میری غم الفت کی قسم

اس کا کیا غم یونہی مر جاتے ہیں مرنے والے

مصنف عشق مجازی کا قصہ لکھنے بیٹھا تھا، اس کے ختم ہوتے ہی مصنف کو خود اپنے افسانۂ حیات کے انجام کا خیال آجاتا ہے اور آداب افسانہ نگاری بھول بھال بے اختیار ہو کر ایک ٹھیٹھ مشرقی اور ایک سچے کلمہ گو کی شان سے نظم میں نہیں، نثر میں ناظرین سے التجا کرنے لگتا ہے کہ "اے ناظرین والا تمکین، میں دعا کرتا ہوں اور تم آمین کہنا کہ جس طرح عشق مجازی میں مجنوں کا انجام ہوا، اسی طرح عشق حقیقی میں ہمارا تمہارا خاتمہ بالخیر ہو آمین ثم آمین۔" ترقی پسند بالکل معذور ہے اگر وہ ایسے "ملاّ" نے "کوڈارمانویسوں میں ادنیٰ درجہ دینے سے بھی انکار کر دے۔

لیلیٰ مجنوں پر فاتحہ خیر پڑھیے۔ ان غریبوں کو صدیاں ہو چکیں۔ مرزا صاحب کا اصلی میدان ماضی نہیں حال تھا، پردیس نہیں دیس تھا، لکھنؤ آپ کا خوب دیکھا بھالا ہوا ہے۔ آیئے ایک مرتبہ اس کی سیر مرزا صاحب کی رہنمائی میں کریں۔ ہاں یہ ضرور ہے کہ یہ لکھنؤ ۱۹۵۳ کا نہیں اس سے ۷۰، ۷۵ سال قبل کا ہے۔ بہر حال اس لکھنؤ کی گلی گلی ان کی چھانی ہوئی ہے۔ ان سے بہتر رہنما یہاں کی سیر کے لیے کون ملے گا۔ سب سے پہلے ایک حکیم صاحب سے نیاز حاصل کرتے چلیے۔ دیکھا آپ نے بھی انہیں بارہا ہو گا۔ تعارف اب مرزا صاحب کرائے دیتے ہیں۔

"میانہ قد، گندمی رنگ، الفربہ، ناک نقشے میں کسی قدر بھداپن، گول چہرہ، آنکھیں کسی قدر چھوٹی، سن شریف چالیس سے کچھ اوپر، اس نسبت سے تو ند کی استدارت اور ضخامت کو بھی قیاس کر لیجئے مگر اپنی صورت شکل پر حد سے زیادہ نازاں تھے۔ اکثر اوقات آئینہ پیش نظر رہتا تھا۔ کسی قدر شریعت مزاج میں تھی اس لیے داڑھی منڈوائی تو نہ جاتی تھی، مگر اس قدر باریک کترواتے تھے کہ اگر خوردبین سے دیکھی جائے تو بھی بمشکل نظر آئے۔ موچھوں میں سفید بال اس کثرت سے تھے کہ ان کو چنتے چنتے حجام عاجز ہو جاتا تھا۔ خضاب کی کئی مرتبہ صلاح دی گئی مگر اس کی نوبت ابھی تک نہ آئی تھی یا تو کوئی مجرب نسخہ دستیاب نہ ہوا تھا یا یہ کہ حکیم صاحب اس کو علامت پیری تصور کرتے تھے اور بالوں کی سفیدی ایک امر عارضی تھا۔

ابھی حکیم صاحب کا سن ہی کیا تھا۔ خوش غلافی میں بھی حکیم صاحب اہتمام مزید فرماتے تھے۔ کپڑوں کی قطع وبرید کا بھی اچھا سلیقہ تھا۔ اچھے اچھے درزی ان کے کپڑے بیونتتے ہوئے گھبراتے تھے۔ انگرکھا جس کی چولی ثقاہت اور بانکپن کی وضع میں حدفاصل ہو، اس تناسب کو حکیم صاحب سے بہتر کوئی نہ جانتا تھا۔ یہہ سب سامان اس لیے تھا کہ آپ کو مالدار عورتوں کی صیادی کا نہایت شوق تھا۔ آپ کی ہمت مردانہ ہر وقت اس طرح مبذول رہتی تھی کہ کوئی وثیقہ دار بیگم پھنس جائے تا کہ مدت العمر چین سے بسر ہو۔ اکثر جگہ پیغام سلام تھا مگر ابھی تک کوئی سونے کی چڑیا جال میں نہ پھنسی تھی۔"

حلیہ مبارک تو اب غالباً ذہن سے کبھی نہ نکلے۔ لگے ہاتھ جناب حکیم صاحب

کے مطب کی بھی زیارت ہوتی چلے اور حکیم صاحب کے احباب اور خدمت گار خاص میاں نبی بخش سے بھی یاد اللہ ہو جائے تو بہتر ہے ایسے موقعے روز نہیں ملا کرتے۔

"ابھی حکیم صاحب گھر سے بر آمد ہو کے ایک کرسی پر بیٹھے ہیں، آدمی نے حقہ بھر کے سامنے رکھ دیا ہے۔ حکیم صاحب نے حقہ کے دو ہی ایک کش پیے ہوں گے کہ دو صاحب اور اپنے اپنے گھروں سے نکل کر بعد معمولی سلام علیک اور مزاج پرسی کے سامنے مونڈھوں پر آبیٹھے۔ ان میں سے بھی ایک صاحب کے ہاتھ میں ڈیڑھ خمہ حقہ ہے خوب سلگا ہوا۔"

حکیم صاحب میر صاحب واللہ آپ کا حقہ تو اس وقت قیامت کر رہا ہے۔

میر صاحب (حقہ حکیم صاحب کے سامنے لا کے) لیجئے ملاحظہ فرمایئے۔

حکیم صاحب جی تو یوں ہی چاہتا تھا تو پھر (اپنے حقہ کی طرف اشارہ کر کے) یہ حقہ

میر صاحب مجھے مرحمت ہو۔

حکیم صاحب خدا جانے نبی بخش (خدمت گار) کس طرح حقہ بھرتے ہیں۔ ڈیڑھ پہر ہو گیا ابھی تک سلگا ہی نہیں۔

نبی بخش صاحب (زیر لب مسکرا کر) اے حضور ابھی تو بھر کے رکھا ہے بھاری تواہے سلگتے سلگتے سلگے گا۔ لایئے، پھونک دوں اگر ایسا ہی جلدی کا شوق ہے تو سلفہ بھر والیا کیجئے۔ نبی بخش حقہ سے چلم اتار کے چلے ہی تھے کہ میر صاحب نے چلم ہاتھ سے لے لی۔

میر صاحب اب کیا حقہ کو غارت کرو گے، دیکھو میں درست کیے دیتا ہوں۔

حکیم صاحب آپ نہ تکلیف فرمایئے، درست ہو جائے گا (نبی بخش کی طرف آنکھ سے اشارہ کیا)

نبی بخش پھر چلم لینے کو بڑھے تھے کہ۔

میر صاحب نہیں تم رہنے دو میں درست کرلوں گا۔

داروغہ صاحب (دوسرے صاحب جو ابھی تک چپکے بیٹھے تھے) یہ ممکن نہیں اب میر صاحب چلم کی جان نہ چھوڑیں گے۔

حکیم صاحب اس میں تو شک نہیں کہ جیسا شوق حقہ کا ہمارے جناب میر صاحب کو ہے ایسا بھی کم ہوتا ہے۔

داروغہ صاحب کیوں نہ ہو۔ افیون کے شوق میں جزو اعظم ہے۔

حکیم صاحب اس میں تو شک نہیں افیونی جیسے حقے کے قدر شناس ہوتے ہیں اور کوئی نہیں ہوتا۔

داروغہ صاحب قدر شناس نہ کہیے نبض شناس فرمایئے، حقہ کی دیکھ بھال بھی انہیں کے حصہ میں ہے۔

مرزا صاحب (اور ایک صاحب جو ابھی آکے سامنے داروغہ صاحب کے قریب کرسی پر بیٹھ گئے ہیں) یوں کہیے کہ حقہ کے حق میں مسیحا ہیں۔

میر صاحب اے زندہ باش۔

حکیم صاحب (مسکرا کے) درست

داروغہ صاحب میر صاحب کے لطیفے بھی قیامت کے ہوتے ہیں۔ یہ مسیحا کے

واسطے زندہ باش کیا خوب۔

فرمائیے یہ آپ کوئی کتاب پڑھ رہے ہیں یا واقعتاً اپنے کو جناب حکیم صاحب کے مطب میں بیٹھا ہوا پا رہے ہیں؟ ہر تصویر بولتی ہوئی، ہر پیکر بے جان میں جان پڑی ہوئی۔

یہ حکیم صاحب بھی ایک ہی جالینوس تھے۔ ذہانت اور جعل سازی کے معجونِ مرکب، عیاروں کے عیار اور جعلیوں کے استاد۔ شہر کے ایک نامی رئیس کا انتقال ہوا، اور آپ نے ان کی ادھیڑ سن بیوہ سے عقد کی ٹھانی۔ بیگم صاحبہ پر نہیں ان کی جائیداد پر لٹو ہو کر۔ نفس ناطقہ میاں نبی بخش اس خدمت پر مامور ہوئے کہ ڈیوڑھی پر جا کر پہلے بی امامن مہری کو گانٹھیں اور ان کے ذریعہ سے نامہ و پیام شروع ہو، اور صاحبِ جائیداد بیگم پر ڈورے ڈالے جائیں۔ میاں نبی بخش تقریر کرنے میں بقراط تھے لیکن جوڑ توڑ، سوجھ بوجھ میں امامن کے پاسنگ کے برابر بھی نہ تھے۔ مہری حکمت اور فطرت کی پڑیا تھی۔ گھاٹ گھاٹ کا پانی پیے ہوئے، خادم اور آقا کو خوب خوب سبز باغ دکھائے۔ حکیم صاحب قبلہ مگن رہے کہ پینگ بیگم صاحبہ سے بڑھ رہے ہیں اور معاشقہ کالمڈورا ان کے ساتھ چل رہا ہے اور نکاح ۲۵ ہزار کے مہر پر بالآخر ہوا کس کے ساتھ، بیگم کی ایک پیش خدمت چھٹی نویس کے ساتھ۔

آخر راز کھلتا ہے اور حکیم صاحب کی حکمت دھری کی دھری رہ جاتی ہے۔

ساتھ ہی ساتھ ناول میں دوسرا قصہ بیگم صاحب کے صاحب زادے چھوٹے نواب اور ان کی عشق بازیوں کا چلتا ہے۔ چھوٹے نواب صاحب ہر طرف سے جعلیوں سے گھرے ہوئے ہیں اور شاہ جن کی صاحب زادی سبز قبا پر عاشق ہوئے ہیں۔ لاکھوں

کی جائیداد دیکھتے دیکھتے تباہ ہو کر رہ جاتی ہے۔ "صاحب" کے دیس میں یعنی یورپ اور امریکہ کی سرزمین پر خدا جانے کتنے واقعات اس طرح کے صبح وشام پیش آتے رہتے ہیں۔ وہاں کے افسانوں کو نہیں، روزانہ اخبارات کی رپورٹوں کو اٹھا کر دیکھئے تو جعل سازی اور حرفت کی داستانیں اس سے کہیں بڑھی چڑھی ہوئی نظر آئیں گی۔ لیکن مشرق اور لکھنؤ کے معیار سے یہی بہت تھا۔ مرزا صاحب نے قصہ کا نام ذات شریف رکھا ہے اور اس میں ذرا شبہ نہیں کہ جہاں تک لکھنؤ کی ذہانت اور زیرکی کے تاریک رخ کا تعلق ہے انہوں نے مصوری کا حق ادا کر دیا ہے اور جعلیوں کے پورے پورے اعمال نامے مرتب کر دیے ہیں۔ مگر ساتھ ہی پھر یہ کہنا پڑتا ہے کہ اہل فرنگ کے ہتھکنڈوں پر نظر ہو تو یہاں کے بڑے سے بڑے "ذات شریف" بھی "شریف زادے" ہی نظر آئیں۔

لیکن لکھنؤ کی مصوری، مرزا صاحب کے قلم سے بالکل ہی ناقص و ناتمام رہے گی اگر افشاء راز کے پردے اٹھ کر نہ رہیں۔ یہ ناول مرزا صاحب کی ناول نویسی کے ابتدائی دور کا ہے۔ یعنی ۱۸۹۶ء کا لیکن افسانہ نگار کے کمالات مصوری کا اصلی مرقع۔ اسے آپ بیتی کہنا چاہئے۔ معلوم ہوتا ہے اس کے پردے میں مصنف اپنا ہی پورا افسانہ زندگی سنا دینا چاہتے تھے مگر چند ہی باب لکھنے پائے تھے کہ کسی مصلحت یا مجبوری سے قلم رک گیا اور پھر مرزا صاحب اور کاموں میں پھنس گئے۔ اس طرح جو راز افشا ہونے تھے وہ قیامت تک کے لیے سربستہ رہ گئے۔ مرزا صاحب نے اپنا نام سید محمد ذکی فرض کیا ہے اور صورت قصہ یہ رکھی ہے کہ سید صاحب موصوف کہیں غائب ہو گئے ہیں لیکن اپنی مفقود الخبری سے قبل اپنے ایک دوست مرزا رسوا

صاحب سے فرمائش کر گئے ہیں کہ ان کی سوانح عمری مرتب کر دیں۔ اور اسلوب بیان وغیرہ کے باب میں کچھ ہدایتیں بھی زیب قلم فرما گئے ہیں۔

لکھنؤ کی معاشرت کی اصلی جھلک اس کتاب کے اوراق میں نظر آتی ہے۔ جہاں جو تصویر کھینچی ہے بس وہ عین مین صورت ہی ہے۔ سنتے ہیں کہ نقل کا کمال یہ ہے کہ اصل کے مطابق ہو لیکن اس استاد کے کمال مصوری کو دیکھ کر جی یہ کہنے کو چاہتا ہے کہ وہ اصل ہی کیا جو اس نقل کے مطابق نہ ہو۔ آپ کو دعویٰ مبالغہ آمیز معلوم ہو رہا ہے۔ اچھا تو آیئے مرزاؔ صاحب کی رہنمائی میں نواب سلطان مرزا صاحب کے دولت خانہ کی سیر کر لیجئے۔ سیر ذرا طویل ہو گی لیکن امید ہے کہ منظر کی دلکشی طبیعت کو ملول نہ ہونے دے گی۔

نواب حسین علی

حسین علی حضور

نواب بھئی آج پالی ہے؟

حسین علی جی ہاں

نواب بھئی ہمارے کپڑے منگاؤ۔

حسین علی ڈیوڑھی پہ جا کے (زور سے چلاّ کے) حسینی نواب صاحب کی پوشاک دے جاؤ، پوشاک۔

سرخ کمخواب کا دگلہ بہت ہی پرانا، جس کی بوٹیوں سے سنہرے تار بالکل جھڑ گئے تھے، صرف ریشمی کام باقی تھا وہ بھی گیا ہوا، سبز گرنٹ کی گوٹ کی لہریں اڑی ہوئیں، گلبدن کا پاجامہ، سرخ شالباف کا نیفہ، کارچوبی مندیل، مگر دادا جان کے

وقت کی۔ ٹاٹبافی جوتہ، مقیشی پھندنے، کوئی سال بھر کا پہنا ہوا۔

نواب (مندیل کو دیکھ کے) بھئی یہ درباری ٹوپی کیوں منگوائی، دوپلڑی منگوالو۔

حسین علی دیکھئے یہیں ہوگی تکیے کے نیچے۔

نواب ارے بھائی دیکھتے ہو، میرے ہاتھ میں بٹیر ہے، تمہیں نکال دو۔

حسین علی (پلنگ کے سرہانے جاکے) امراؤ جان، لے اٹھیے نواب صاحب کی ٹوپی ڈھونڈ دیجیے۔

امراؤ جان (انگڑائی لے کے اٹھیں مگر نہایت ہی برہم اور اٹھنے کے ساتھ ہی ایک گھونسا حسین علی کے رسید کردیا) نگوڑمارا سونے نہیں دیتا۔ بھاڑ میں جائے ٹوپی، میں کیا جانوں کہاں ہے۔

حسین علی اے لو! ناحق بن ناحق کو مارتی ہیں۔ میں نے جانا آپ کے پاس ہوگی۔

امراؤ جان مردے کی شامت آئی ہے، میں ٹوپی کو لے کر سوئی تھی، میں کیا جانوں کہاں ہے۔ (یہ کہہ کر پھر لیٹ گئیں) لے ذرا لحاف اڑھا دے۔

ٹوپی واقعی تکیہ کے نیچے نہ تھی۔ پلنگ کی پٹی کے پاس گنوں کے چھلکوں پر پڑی تھی۔ یہ اس کمرے کا ذکر ہے جہاں نواب صاحب بہ نفس نفیس مع امراؤ جان صاحبہ کے آرام کرتے تھے۔

نواب حسین علی۔

حسین علی حاضر

نواب دیکھو تو کھانا تیار ہے۔

حسین علی، (ڈیوڑھی جا کے پھر زور سے پکار کے) حسینی، نواب صاحب پوچھتے ہیں خاصہ تیار ہے۔

حسینی خاصہ تو ابھی نہیں تیار ہے۔ نواب صاحب کو اندر بھیج دو۔

حسین علی (نواب صاحب کے پاس جا کے) حضور محل میں تشریف لے جائیے۔

نواب کیوں کیا کوئی بلاتا ہے۔

حسین علی جی ہاں بلایا ہے۔

نواب پوچھو تو کون بلاتا ہے۔ کیوں بلایا ہے۔ ڈھیلا سا کھینچ مارا گھر میں جائیے۔

حسین علی (ڈیوڑھی پر پھر جا کے) کیوں بلایا ہے۔ نواب صاحب پوچھتے ہیں کس نے بلایا ہے۔

حسینی کہہ دو بیگم صاحب نے بلایا ہے۔

حسین علی حضور بیگم صاحب نے یاد کیا ہے۔

نواب یاد کیا ہے۔ میاں تم کو بھی بات کرنے کی تمیز آج تک نہ آئی۔ بیگم صاحب نے یاد کیا ہے۔ بیگم صاحب میری اماں جان ہیں کہ انہوں نے یاد کیا ہے۔ ارے بھئی جو کوئی بڑا بلاتا ہے تو اسے کہتے ہیں یاد کیا ہے اور جو برابر والا یا چھوٹا بلاتا ہے تو اسے کہتے ہیں بلایا ہے۔

حسین علی درست! اب حضور کی صحبت میں رہوں تو سب سیکھ جاؤں گا۔

اتنے میں نواب صاحب کے ایک رفیق قدیم حسن خاں صاحب تشریف

لائے۔

نواب خاں صاحب! ذرامیاں حسین علی کی تمیز داری دیکھئے گا، فرماتے ہیں کہ بیگم صاحب نے یاد کیا ہے۔

خاں صاحب (حسین علی طرف نگاہ غیظ سے دیکھ کے) کیوں بھئی!

حسین علی خاں صاحب مجھے کیا معلوم۔ وہ حسینی نے تو یہی کہا تھا کہ بلایا ہے، میری بیوقوفی میں نے کہہ دیا کہ یاد کیا ہے۔

نواب یاد کیا ہے! اماں جان نے یاد کیا ہے (جملہ دوبارہ اس لیے ارشاد ہوا کہ فقرہ چست تھا مگر اس کی داد ابھی تک نہیں ملی تھی حسین علی بدتمیز اس کی نزاکت کو کیا سمجھتا، مسکرا کے چپ ہو رہا تھا اور خان صاحب پرانے پھندیت یابقول امراؤ جان پرانے کھوسٹ تھے)

خان صاحب (ایک قہقہہ لگا کے) واللہ نواب خوب کہی (اوپھر ایک قہقہہ)

نواب صاحب بھئی خان صاحب۔ سچ تو یہ ہے کہ تمیز داری اب دنیا سے اٹھ گئی۔ وہ آپ کو یاد ہے ہمارے باوا جان کے وقت کا خدمت گار۔ اجی وہی بھلا سانام تھا۔

خان صاحب کریم بخش کہیے۔

نواب نہیں نہیں! کریم بخش نہیں وہ تو اب نوکر ہوا تھا۔جی وہ بڈھا سا آدمی تھا۔ باہر کا رہنے والا (اس وقت علی حسین اس کمرے میں تھا جہاں امراؤ جان آرام کرتی تھیں کیونکہ اب وہ بیدار ہو چکی تھیں اور حسین علی نے جا کے حقہ لگایا تھا)

امراؤ نواب اس وقت ہیں کہاں؟

حسین علی وہ کیا دالان میں ہیں جہاں مرغوں کے ٹاپے بیڑوں کی کابکیں ہیں۔

امراؤ جبھی اور یہ مواکھوسٹ بھی پہنچ گیا۔ ہاں آج پالی کا دن ہے نا؟

نواب اجی وہی کرم علی بیگ آپ کو یاد ہے نہ؟

خان یہ خوب کہی۔ آپ کو اچھی طرح یاد ہے آپ کا سن ہی کیا تھا اس زمانے میں۔

نواب اور آپ کا سن کیا تھا؟

خان میں جوان تھا۔ داڑھی مونچھیں نکل چکی تھیں۔

نواب تو یہ کہئے آپ مجھ سے بڑے ہیں۔

خان اس میں کیا شک ہے۔ ایسا ہوں کہ آپ کے باوا جان کے پاس نوکر تھا۔

نواب اور نوکر آپ کاہے میں تھے مشعلچیوں میں؟ نان پزوں میں؟

خان آپ کو یاد نہیں رکاب داروں میں۔ آخر آپ کا عہدہ کیا تھا؟

نواب (ہنس کے) ابے تو بتاتا کیوں نہیں ہے کاہے میں نوکر تھا۔

خان سبحان اللہ! یہ ابھی خدمت گار کو ادب قاعدہ سکھایا جاتا تھا اور خود نواب صاحب کی زبان کیا آراستہ ہے یہ ابے تبے کیسی؟ مرد آدمیوں سے یونہی گفتگو کرتے ہیں۔

نواب تو آپ میرے مصاحب نہیں اتالیق ہیں۔

خان اتالیق نہ سہی مرد آدمی تو ہیں۔ مرد آدمیوں سے یوں نہیں گفتگو کرتے ہیں۔

نواب آپ مرد آدمی ہیں، یہ آج ہی معلوم ہوا۔ ابے تو پرانا چڑی مار ہے، ہم

سے باتیں بنانے چلا ہے، تجھے مرد آدمی کون سمجھتا ہے؟

بات یہ تھی کہ خان صاحب کے والد مرغ بازوں میں ملازم تھے اور خود ان کا اسم بیٹر بازوں میں تھا۔

خان تسلیم کر کے۔ یہ آپ کی قدردانی ہے۔

امراؤ (ذرا چلا کے، جس میں نواب صاحب سن سکیں) واللہ خوب کہی!

حسین علی چڑی مار تو نہیں چمر گد کی اچھی ہوتی ہے (یہ چپکے سے کہا تھا)

امراؤ (خاں صاحب سے چلاّ کے) یہ موا چمر ابگلا آگیا۔

خان اور یہ بی چمر بگلی کہاں سے بولیں۔

نواب رات کو تو پرانا کھوسٹ تھا اور اب الو کی دم فاختہ ہو گیا۔

خان رات کو تو پرانا کھوسٹ تھا اور اب الو کی دم فاختہ ہو گیا۔

نواب لیجئے اب آپ بڑھنے لگے اور جو میں اس کا جواب دوں۔

امراؤ جان خدا کے لیے نواب جواب نہ دینا، نہیں تو روٹیوں کو محتاج ہو جائے گا۔

خان روٹیوں کو کیوں محتاج ہو جاؤ گی، کٹناپا کرنا۔

امراؤ جی ہاں نواز گنج میں کٹناپا کروں گی۔

خاں صاحب کچھ نواب والے فقرہ سے جھیپے ہوئے تھے اور کچھ امراؤ جان کے آخری جملہ سے اور بھی تیہا آگیا تھا۔ اب جو نواب نے اک ذراشہ دی تو بالکل ہی ہتے پر سے اکھڑ گئے۔ اب امراؤ جان سے اور ان سے خوب دو دو چونچیں ہوئیں۔ نواب چپکے چپکے بیٹھے سیر دیکھا کیے۔

حسن خان واللہ اب کبھی تو ان سے بولوں گا نہیں، ان کی حقیقت ہی کیا ہے، ہستی ہی کیا ہے، ابھی تین برس کا ذکر ہے میرے بھانجے کی شادی میں مجرے کو گئی تھیں۔ اب نواب کے پاس رہ کر دماغ آسمان پر چڑھ گیا ہے۔

امراؤ اے جا۔ میں ایسے گھگھوؤں سے بات کب کرتی ہوں۔

اتنی دیر کے لطف صحبت کے بعد کہیں یہ نہ کہہ اٹھیے گا کہ یہ ساری سحر آفرینی بول چال کی صفائی اور ساری طلسم بندی روزمرہ کی شستگی کی ہے۔ مرزا صاحب کے روزمرہ کا کیا کہنا لیکن اتنی صحیح اور سچی، اصلی اور گہری نقاشی کہیں محض زباں دانی کے بل بوتے پر اور خالی خولی لطف زبان کے سہارے ممکن ہے؟ جذبات نگاری نرے ایک ادیب کے بس کی بات ہے جب تک وہ ادیب ساتھ ہی حکیم بھی نہ ہو؟

ذکی چودہ سال کی عمر کا ایک بڑا نیک چلن لڑکا ہے اور یہ تو یاد ہی ہوگا بیسویں صدی کے وسط کا نہیں، اس سے بہت قبل کا ہے۔ پڑھنے لکھنے کا شائق کیا بلکہ عاشق۔ رشتہ کی ایک خالہ ہیں اور ان کی گیارہ بارہ سال کی لڑکی ہے بگن۔ قبول صورت، نک سک سے درست۔ ذکی کی والدہ کے پاس کل یہ خالہ آنے والی ہیں۔ شام کو ذکی کی بوا نیک قدم نے کہیں ذکی سے کہہ دیا کہ کل تمہاری خالہ اماں آنے والی ہیں۔ ذکی نے کہا کون خالہ اماں؟

نیک قدم۔ ایسے ننھے جیسے یہ جانتے نہیں، تمہاری خالہ اماں اور کون، جعفری بیگم صاحبہ، بگن صاحبہ کی اماں جان، تمہاری ساس۔

ذکی نے ہمت کر کے اتنا اور پوچھ لیا، "بوا کیا بگن بھی آئیں گی؟"

"پوچھنے کو تو پوچھ لیا مگر ذکی ایسے شرما گئے تھے کہ اب ان سے باورچی خانہ میں

نہ ٹھہرا گیا۔ انہوں نے پہلے دالان کی طرف رخ کیا۔ دیکھا کہ اماں جان اور باوا جان میں کچھ مصلحت سی ہو رہی ہے۔ سمجھے کہ یہی باتیں ہوں گی۔ جی تو چاہتا تھا کہ سنیں، مگر مارے حجاب کے نہ جا سکے۔ پہلے نیم کے نیچے بڑی دیر تک ٹہلا کیے، پھر گیندوں کے پاس جا کھڑے ہوئے، ایک ایک گیندے کو غور سے دیکھا کیے، پھر تھوڑی دیر کنویں کی جگت پر بیٹھے رہے۔"

دوسرے دن جمعہ ہے اور وہی دن ذکی کے لیے بگن کے آنے کا ہے۔ اب میاں ذکی کے دل و دماغ کی سرگزشت مرزا صاحب کی زبان سے سنیے، "ابھی ایسے لوگ بہت موجود ہیں جنہوں نے مکتبوں میں تعلیم پائی ہے، ان سے پوچھو کہ جمعہ کی رات کیا چیز ہے، نہ آج رات کو سبق یاد کرنا ہے، نہ کل صبح کو سویرے اٹھ کر مکتب میں جانا، نہ مولوی صاحب کی متبرک صورت دیکھنا، نہ پڑھنا، نہ لکھنا، نہ گھڑکیاں، نہ قمچیاں۔ کل ہم ہیں اور کنکوا، کل ہم ہیں اور چھلی چھلیا۔ محمد ذکی ان لڑکوں میں نہ تھا جن کو چھٹی کی زیادہ خوشی ہوتی ہے اس لیے کہ اس کو پڑھنے کا شوق خداداد تھا۔ مگر پھر بچہ تھا۔ اس کو جمعہ کو خوشی کیوں نہ ہوتی، تعطیل کی خوشی کس کو نہیں ہوتی اور یہاں ذکی کی جو حالت تھی وہ تو ناظرین قیاس کر سکتے ہیں۔ صبح سے راستہ دیکھنا کیسا، یہاں شام ہی سے انتظار ہے۔

اب رات کے نو بجے ہیں میاں ذکی اپنی پلنگڑی پر رضائی سے منھ لپیٹے پڑے ہیں۔ سوتا کون ہے؟ گو کہ سن ابھی چودہ برس سے کچھ ہی زائد ہے مگر حسن و عشق کے اکثر افسانے دیکھے ہیں۔۔۔ خیالات کچھ نہ کچھ تو ضرور صاف ہو گئے ہوں گے، بگن کو دیکھ ہی چکے ہیں۔۔۔ دل میں کبھی خیال نہ آیا تھا کہ بگن کے ساتھ شادی ہو

جائے بلکہ شادی کا شوق بھی آج ہی دل میں پیدا ہوا تھا۔۔۔ کیسی شادی؟ نیک قدم نے یونہی کہہ دیا ہو گا، غلط! بھلا ایسی بات کہہ سکتی ہیں۔ پرائی بیٹی پر گالی چڑھانا کیا آسان بات ہے اور جو اماں جان سن لیتیں۔ نہیں اس بات کی کچھ نہ کچھ اصل ضرور ہے۔۔۔ اے لو کچھ بج رہا ہے ایک، دو، تین، دس۔ دس بج گئے یہاں نیند ہی نہیں آتی۔ ابا جان نے آرام کیا، اماں ابھی تک جاگ رہی ہیں۔ پاجامہ کیوں چھپ چھپ سی رہی ہیں، کل خالہ ضرور آئیں گی، دیکھئے بگن کو ساتھ لاتی ہیں یا نہیں، خالہ تو کل آئیں گی، ممکن ہے بگن بھی ساتھ آئے مجھے ابھی سے نیند کیوں نہیں آتی۔۔۔ اے لو میں آنکھیں بند کرتا ہوں اب تو نیند آئے گی۔ یا اللہ نیند آجائے۔۔۔ خدا جانے ذکی کو رات بھر نیند آئی بھی یا اسی الجھن میں صبح، ہم تو جانتے ہیں نیند نہیں آئی، اس لیے کہ جب میر صاحب نماز کے لیے اٹھے تو یہ بھی کھڑک سے اٹھ بیٹھے۔"

آخر عمر میں یاروں نے خدا جانے کیا کچھ خرچ کر کر، مرزا صاحب کو امریکہ کی کسی خانہ ساز یونیورسٹی سے فلسفہ کی ڈگری دلادی تھی اور اس کی بنیاد پر مرزا صاحب کی فلسفیت کا ڈھول پیٹنا شروع کر دیا تھا، حالانکہ مرزا صاحب کا حکیمانہ مرتبہ اس سے کہیں بالاتر تھا، ان کی فلسفیت کی بہترین اور معتبر ترین شاہد خود ان کی تصانیف ہیں۔ جذبات انسانی تخیل و تجزی جس عنوان سے اپنے افسانوں میں انہوں نے کی ہے، وہ ایک حکیم اور فلسفی ہی کا قلم کر سکتا ہے۔ خالی خولی اہل زبان اور اہل انشاء نہیں۔

بچپن کے عشق کی مصوری کوئی آسان کام نہیں۔ اچھے اچھے جید اور کامیاب مکالمہ نگار بچوں کی نقالی کرنے میں ٹھوکر کھا گئے ہیں۔ بوڑھا آدمی آخر بچہ کہاں سے

بن جائے۔ اردو کے بعض بڑے نامور افسانہ نویس پر ایک نظر کر جایئے، لغزشیں یہیں آکر ہوئی ہوں گی۔ بچوں کے جذبات اور پھر جذبہ بھی کون سا، عشق و محبت کا اور پھر محبت بھی بازاری قسم کی نہیں ایک بالکل کم سن شریف لڑکے کی جائز محبت، اپنی منگیتر ایک شریف لڑکی کے ساتھ، اس کی ترجمانی کوئی منھ کا نوالہ نہیں۔ مگر دیکھئے مرزا صاحب اس وادی کو بھی اس خوبصورتی سے طے کر جاتے ہیں کہ گویا یہ سارے راستے ان کے خوب دیکھے بھالے پڑے ہیں۔ بگن جمعہ کو تو نہیں البتہ اتوار کو اپنی والدہ ماجدہ کی معیت میں ذکی کے گھر آتی ہے۔ بڑی بوڑھیاں آپس میں مل بیٹھ باتیں کرتی ہوتی ہیں اور ادھر انگنائی میں گیندے کا کھیل شروع ہو جاتا ہے۔ ایک طرف چودہ برس کا لڑکا دوسری طرف بارہ برس کی لڑکی۔ اس کھیل میں دستور یہ ہے کہ جب گیندا کسی سے روکا نہیں جاتا اور زمین پر گر پڑتا ہے تو آنکھ سے اٹھانا پڑتا ہے۔ اایک دفعہ گیندا بگن کی طرف زمین پر گر پڑا۔

ذکی اچھا تو پھر آنکھ سے اٹھایئے

بگن ہم تو نہیں اٹھائیں گے۔ واہ کپڑے مٹی میں بھر جائیں گے، بڑے آنکھ سے اٹھوانے والے۔

ذکی تم کھیل میں دھاندلی کرتی ہو۔ ہم نے ابھی نہیں اٹھایا تھا؟

بگن تم اٹھاؤ ہم نہیں اٹھاتے، ہم تو یوں ہی کھیلیں گے، تمہارا جی چاہے کھیلو جی چاہے نہ کھیلو۔ اے لو میں جاتی ہوں۔

ذکی اچھا یوں ہی کھیلو پھر ہم بھی اب نہ اٹھائیں گے۔

میاں ذکی کو دستور کی پابندی پر اصرار کرنا مناسب نہ معلوم ہوا۔ پھر کھیل

شروع ہو گیا۔ ذکی کے مزاج میں شرارت نہ تھی مگر اتفاق سے بگن کے گال پر یا کہیں اور پھول جا پڑتا اس وقت عجیب لطف ہوتا تھا۔ وہ بگن کا جھجکنا، وہ چھپ کر اوڑھنی سنبھالنا، پھر جھنجھلا کے ذکی کو پھول مار بیٹھنا، ذکی کا نشانہ بچا کے ہنسنا، بگن کا کھسیانی ہو کے روٹھ جانا۔

بگن بھئی (ی کو بڑھا کے) جاؤ ہم نہیں کھیلتے۔

ذکی کا منانا اچھا خیر جانے دو، کوئی ہم نے جان کے پھول مارا؟ پڑ گیا، اچھا برا ہوا، پھر کھیلو، اب ایسا نہ ہو گا۔

بگن واہ! کس زور سے میرے گال پر پھول پڑا، میں نہیں کھیلتی۔

اور اصل بات یہ تھی کہ بگن تھک بھی گئی تھی۔

ذکی کھیلو بھی، تم ذرا سی بات میں بگڑ جاتی ہو۔

بگن ایسی ذرا سی بات، اور جو میری آنکھ میں لگ جاتا تو دیدہ پھوٹ جاتا تو؟

ذکی خدا نہ کرے کہیں گیند اکھیلنے میں آنکھ پھوٹ جایا کرتی ہیں۔

بگن اچھا بھلا ہم تو تمہاری آنکھ میں ایک لگائیں۔

ذکی لگاؤ۔

بگن اچھا تو ہم نہیں کھیلتے۔

ذکی کھیلو بھی (سماجت کے لہجہ میں)

بگن نہیں کھیلتے۔ نہیں کھیلتے۔ نہیں کھیلتے۔

ذکی (اور ایک بڑا گیندا توڑ کے) آؤ تم بھی کیا آدمی ہو، اس سے کھیلیں، دیکھو کیا بڑا گیندا ہے۔

بگّن دیکھیں (گیند اذکی کے ہاتھ سے لے کے نوچ کھسوٹ جوتی کے نیچے مل ڈالا گیند اکیا مل ڈالا، گویا میاں ذکی کا دل تلوؤں کے نیچے مل ڈالا۔

ذکی (آزردہ ہوکے) تمہارے مزاج میں بھی کس قدر ضد ہے۔

بگّن (گردن کو ذرا کج دے کے اور بھوؤں کو اوپر چڑھا کے) ہمارے مزاج میں ضد ہے؟ پھر تمہاری بلا سے، تمہیں کیا؟ (یہ کہہ کر پھر دل دل میں کچھ سوچ کے) اچھا تو ضد ہی سہی، اب تم ہم سے نہ بولنا۔ یہ کہہ کے یہ جاوہ جا، دوڑ کے ماں کے پہلو میں جا بیٹھی۔ چلو سارا کھیل ہی بگڑ گیا۔ اب میاں ذکی کا وہ حال ہے جیسے کوئی لڑکا بڑی مشکل سے ایک چڑیا پکڑے اور وہ دفعتاً ہاتھ سے چھوٹ کر فراٹا مار کے ایک درخت کی شاخ پر جا بیٹھے۔

یہی نازک مقامات مرزا صاحب کے دعوئ عظمت و امتیاز کے روشن دلائل ہیں۔ ان کی نزاکتوں کا سنبھالنا نہ نرے کھرّے فلسفی کے بس کی چیز ہے، نہ محض ادیب و انشا پرداز کے۔

افشائے راز افسوس ہے کہ بالکل ناتمام رہی اور راز کا افشاء بالکل کیا معنی تقریباً بھی نہ ہو پایا۔ اس پر بھی مرزا صاحب کی بہترین تصانیف میں ہے، اور جس نے اس کو اور امراؤ جان اور اختری بیگم کو نہیں پڑھا اس نے مرزا صاحب کو جانا ہی نہیں۔ خیر افسانہ تو جیسا ہے ہئی ہے، افسانہ سے بھی کچھ بڑھ کر دلکش اور بیش بہا تمہید افسانہ ہے۔ یہاں مرزا صاحب نے فرضی افسانہ نگار یعنی مرزا رسوا کو کچھ ہدایتیں افسانہ کی زبان اور طرز بیان سے متعلق کی ہیں۔ یہ ہدایات کیا ہے، ہر اردو نویس کے لیے ایک بہترین پند نامہ۔ آج ۱۹۳۲ء ہے۔ حیرت ہوتی ہے کہ آج سے ایک قرن

قبل ۱۸۹۶ء میں مرزا صاحب کی نظر ان نکتوں تک کیونکر پہنچ گئی تھی۔ نقد و تنقید کے یہ گر ہاتھ آجانے کے بعد آج کل کے بہت سے "رئیس التحریر" بڑے بڑے قلم باز آپ کی نظر سے گر کر رہیں، تو اس کی ذمہ داری اس مقالہ نویس پر نہیں۔ بہر حال اب وہ ہدایتیں خود مرزا صاحب کی زبان مبارک سے سن چلیے۔ فرماتے ہیں،

"لکھیے تو اس طرح لکھیے کہ جس طرح ہم آپ باتیں کرتے ہیں، نہ کہ اس عبارت میں جو کسی انگریزی کتاب کا لفظی ترجمہ معلوم ہو اور وہ بھی ایسا کہ مطلب دل میں اور لفظیں کتاب میں۔۔۔ میں انگریزی لفظوں سے چڑھتا نہیں ہوں، شوق سے استعمال کیجئے۔ مگر وہی لفظیں جو اردو زبان میں ایسی کھپ گئی ہیں کہ اب ان کو سب سمجھنے لگے ہیں۔ خیر 'ناول' بھی چنداں ثقیل نہیں ہے۔۔۔ قیامت خیز تو یہ لفظیں ہیں ڈیڈی کیشن، انٹروڈکشن، ایسوسی ایشن، سوسائٹی، سوشل ریفارم، پولیٹیکل پارٹی، اسٹڈی، ڈیوٹی، بیوٹی۔۔۔ یہ لفظیں ابھی اور لوگوں کو بولنے دیجئے اور آپ اتنے عرصے تک توقف کیجئے کہ مثل بوتل، کاگ، بوتام، گلاس، لمپ، پادری، گرجا، اسٹیشن، ریل وغیرہ کے عام فہم ہوجائیں۔ اور یہ ترکیبیں جو آج کل کے انشاپردازوں نے ایجاد کی ہیں، یک قلم نظری کر دیجئے مثلاً،

ایک غمگین کرسی، ایک ہمدرد میز، ایک مسکین چھری، ایک شرمناک تولیا، ایک دلسوز کانٹا، دو ماہر چمچے، تین بے وفا پلیٹیں۔ ایک مؤقر قلم، ایک سنجیدہ دوات، ایک متبسم چاقو، ایک متحرک انگارہ، ایک نمکین چلم، ایک فاضل حقہ، ایک غریب قطرہ، ایک غضب ناک دریا، ایک طرحدار مرغی، ایک شیریں ادا بطخ، ایک پر تمثال

فاختہ، ایک مہذب الو، ایک آزاد مینڈک، ایک روشن ضمیر چوہا، ایک متین گدھ، ایک حلیم بھیڑ، ایک سریلا گیدڑ، ایک دلستان کتا، ایک دلربا بلی، ایک خوش لہجہ جھینگر، ایک دوراندیش مکھی، ایک ذخار گڑھیا۔ ایک ہیبت ناک سڑک، ایک خوش آہنگ مگر ستم شعار مچھر، ایک تکلیف دہ مگر خوشنمائی سے رینگنے والا کھٹمل، ایک نحیف الجثہ مگر جگر خراش پسو، ایک انوکھا مگر حیرت بخش پھرتی کے ساتھ کود جانے والا بندر۔"

یہ نمونے مرزا صاحب نے اپنی نوجوانی میں دیکھے تھے۔ غریب کو کیا خبر تھی کہ ان کی زندگی ہی میں اور ان کے بعد تو اور بھی ذیل کی ترکیبیں بڑے بڑے اونچے دعوے والوں کے لیے مایۂ نازش وافتخار ہوں گی، "ایک منہمک شام، ایک مؤدب فاصلہ، ایک روشن تھرتھری، ایک مسترحم نشیب، ایک زہرہ گداز تبسم، ایک نیچی غراہٹ، ایک ذخار خاموشی، ایک متلاطم سکون، ایک رقیق خرام، ایک ملائم قہقہہ، موٹے موٹے قہقہے لگاتے ہوئے مچھر، ایک نورپاش خراماں پیکر آتشیں، ایک گلابی رنگ میں ڈوبی ہوئی برق متحرک، مجھ میں اپنے اشارہ مبہم سے ایک انجذاب مضطر پیدا کررہی ہے"

"اور میں اس وقت مجہول کی طرف کھینچا جارہا ہوں، یہ نزہت بار ہستی، گھنگھروؤں کی جھنکار اک بارگی میرے جسم میں رینگ کر ہزاروں نبضوں کی طرح پھڑپھڑانے لگی۔"

"ہال کے اندر قہقہے دھڑک رہے تھے، ملی جلی باتوں کی تیز تیز چیخیں تھیں اور یہ تمام شور مجموعی طور پر ایک ہیبت ناک کراہ کی طرح لرز رہا تھا، ایک خاموش گرج

اور چمک کے ساتھ سیاہ پہاڑ چودھری کی ہستی پر پھٹا یہ مصفا ترکیب عناصر میرے وجود کو، میری روح لرزاں کو مسحور کر رہا ہے، اپنی آنکھوں کے خندۂ سیال سے، اپنے بالوں کی بوئے شکستگی سے، اپنے خرام و قار سے۔"

"وہ آئینہ سیما لڑکی اپنی عفت و شرم میں محافظ رکھتی تھی، تھوڑا سا وقوف یقیناً عقل و فراست کا ایک جرثومہ ہے جو ایک ستارہ سے دوسرے ستارہ تک اپنا کام کر رہا ہے۔"

"اے اوپر والے آسمان، اے روشنی کے عمیق غار تجھے دیکھ کر میں آلہانہ جذبات سے کانپنے لگتا ہوں، تیری بلندی کی طرف میرا اپنے تئیں اچھال دینا یہ ہے میرا عمق، تیرے ہی آلہانہ امکانات کے لیے میرا صحن رقص ہے اور تیری فضا آلہانہ قمار بازی کی کھلی ہوئی بساط۔"

لفظوں اور ترکیبوں کے کشت زعفران ہو چکی۔ اب ذرا عبارتوں کا لہلہاتا ہوا تختۂ چمن ملاحظہ ہو، عبارتیں پڑھتے جائیے اور جن جن سروں پر یہ ٹوپی ٹھیک آ رہی ہو، دل ہی دل میں یاد کر کے انہیں خدا کے حوالے کرتے جائیے پہلا نمونہ، "وہ انوکھی کالی بھینس جس کا ٹوٹا ہوا سینگ اگلی بے رحمانہ حکومت کے تاریخی حالات کا ایک بے نظیر فوٹو ہے، جس کی ہیئت کذائی ہندوستان کے قدیم تاریک جاہلانہ اور حد سے زیادہ بدکاواک مگر نیچرل اور منفعت سے بھرے ہوئے سامان تعیش کا ایک سچا چربا ہے۔۔۔ مگر جو افسوس کہ اس آزاد اور سویلائزڈ منصف گورنمنٹ کے عہد حکومت میں بھی کیچڑوں میں پھنس کر بلا مدد اس لاٹھی کے جو کبھی کبھی اس کے پٹھے پر پڑ کر اسے تڑپا دینے والی ہے، ہر گز نہیں نکل سکتی۔"

دوسرا نمونہ: "وہ سفید بگلا جس کے لیے باریک، نوک دار، حوصلہ مند مگر بے رحم چونچ ایک شور انگیز بھنبھنانے والے شکار کی بد قسمتی سے ایک نیچرل مگر مضحک انداز کے ساتھ ایک سیکنڈ کے لیے کھل کر پھر بند ہو جانے کے قابل ہو جاتی ہے۔۔۔ اور جس کی طویل ٹانگیں کسی اعلیٰ درجہ کے نیچرل پوئیٹ یا ناولسٹ کے جادو نگار قلم سے نکلنے والے طولانی مگر معنی خیز جملوں یا مصرعوں کی طرح بہت ہی دلچسپ اور موزوں ہیں مگر یہ انٹرسٹنگ اڑنے والا جانور ایک کثیف ایشیائی مکان کے صحن میں کس بیہودگی کے ساتھ مکھی کی ٹوہ میں دن بھر پھرتا اور کبھی نہیں تھکتا ہے۔"

تیسرا نمونہ: "وہ اولڈ فیشنڈ انلائٹینڈ چوہا جو اپنے سنٹر میں بودوباش کے لیے کمپلیکٹیڈ میسیج بناتا ہے۔"

"ادب لطیف" اور پھر اس کے بعد "ترقی پسند ادب" کے دہرے دہرے عذاب اس زمانہ تک اردو پر کہاں مسلط ہونے پائے تھے ورنہ ممکن نہ تھا کہ اس قسم کے نمونے مرزا صاحب کی نظر سے چھوٹنے پاتے، "جب تکوین عالم کی بالکل ابتدا تھی، مذاق آفرینش امواج آب سے لاعب نظر آتا تھا، شبستان ناز کے پر لطف دقیقہائے برق کسی کی آرمیدہ مژگان کی آغوش میں تھک کر سو گئے ہیں۔"

"ایک پر اسرار قبرستانی سسکی ہوا میں لرزتی ہے، چاندنی ایک موسیقی ہے سہانی، نرم، اور معطر"

"زور زور سے چنگھاڑیں مار کر روؤں۔"

"سید محمد ذکی افشائے راز کے رستم داستان، اسی لکھنؤ کے رہنے والے

تھے ۔۔۔ گفتگو میں کسی قسم کا تکلف اور تصنع نہ تھا، نہ یس نہ نو، نہ اومائی گاڈ، نہ ہاؤڈو یوڈو، نہ گڈمارننگ، نہ ول ڈن، نہ ول کم، نہ تھینکس، بس یہی ہاں، نہ، درست، بجا، قبلہ، حضرت، آیئے، تشریف لایئے، آداب، تسلیمات، مزاج شریف، دعا عرض کرتا ہوں، یہی ان کا روزمرہ تھا۔"

ان کی اردو، وہی اردو تھی جو لکھنؤ کے شرفا کی زبان ہے۔ خیر وہ اردو تو ان کی ہو ہی نہیں سکتی تھی جس پر انگریزی کا دھوکہ ہو لیکن ساتھ ہی انہیں اس اردو کے لکھنے کا عارضہ نہ تھا جس کے سمجھنے کے لیے انسان کو صراح و قاموس کے ازبر کرنے کی ضرورت لاحق ہو۔ مثلاً اس قسم کی اردو ان کی ہرگز نہ تھی، "ان کی شان ارفع تھی۔ اس سے ارتکاب سرف و نرف اپنے ملابس اور مآکل بلکہ سائر متناولات میں جائز رکھتے۔" یا یہ کہ "فی الجملہ تشبث و تعصف و تلہف و شطارت و بطارت و تجشم، و تجاسر، و تمازح غرض کہ تنافر سے ان کو کلیتاً نفرت تھی بلکہ کسی قسم کا استغراب و استعطاف و استعظام و استنکاف و استخفاف ان کی شمیت و جبلت و قربحت، و عزیزت میں نہ تھا۔"

شعر بھی کہہ لیا کرتے تھے مگر نہ ایسے اشعار، جیسے ایک مولوی صاحب مرحوم اکثر نظم فرمایا کرتے تھے،

اڑنے میں طائرانِ ہوا باز کر کے پر
کرتے ہیں بند اپنے زمیں پر اتر کے پر

یا ایسے اشعار جو لکھنؤ میں بعض صاحبوں کے مذاق کے موافق ہیں۔

حاسد نہ میرے ذرودۂ تادیب تک گئے

رستہ میں بال ققنسِ ادراک تھک گئے

یا اساتذۂ حال میں سے بعض کے اشعار،

سالکِ مسلک ایجاد ہوں، مکڑی کی طرح

راہیں سو دل سے نکالوں جو ذرا دل ٹھہرے

یا ایک اور بزرگ فرماتے ہیں،

سوزاں ترا جو دفن نہو دشت گرم میں

تکمیدِ مومِ سمّ غزالانِ چین نہو

یا ایک اور فاضل کا مشہور شعر ہے،

رات کس کی بزم میں برہم مزاجِ چنگ تھا

شور نغمہ کا نمک ریزِ مئے آہنگ تھا

یا پھر دور ترقی پسندی کے یادگار اس قسم کے مصرعے،

(۱) تند ہوائیں بال بکھیرے چیخ رہی ہیں

(۲) کھردرے گالوں پہ غازے کی تہیں ہانپتی ہیں

(۳) رات کے بوجھ سے وہ ہانپتی سی خاموشی

سنتے ہیں کسی زمانے میں وصایائے افلاطون کا مطالعہ فلسفہ کے ہر طالب علم کے لیے لازمی تھا، بس چلتا تو آج ان وصایائے مرزا اور ان کے جدید ایڈیشن کو ادب کے ہر طالب علم کے درس لازم میں رکھ دیا جاتا کہ اردو غریب کو نئے نئے مجتہدین زبان کی مشق ستم سے کچھ تو نجات ملتی۔

مرزا کی شاعری کے کچھ نمونے اوپر گزر چکے ہیں، کچھ اب ملاحظہ ہوں لیکن

اس کے قبل کچھ دھندلا سا نقشہ ذہن کے سامنے اس کا بھی لے آیئے کہ جس وقت مرزا صاحب نے غزل گوئی شروع کی ہے، اس وقت لکھنؤ کی شاعری اور غزل گوئی کا رنگ تھا کیا۔ جس ماحول میں مرزا صاحب نے آنکھیں کھولیں وہاں دھوم تو کچھ اس طرز سخن کی تھی۔

چھینٹے کل آپ جو غیروں سے لڑے پانی کے
پڑ گئے سیکڑوں بس ہم پہ گھڑے پانی کے
میری تربت پر لگایا نیم کا اس نے درخت
بعد مرنے کے مری تو قبر آدھی رہ گئی
اس بت رشک سلیماں کی کمر
سایۂ مژگان چشم حور ہے
کمر تیری ہے وہ جس نے کمر توڑی ہے چیتوں کی
تری آنکھوں کے آگے اے پری آہو چکارا ہے
رونے کی تجھے لہر جو اے چشم تر آئی
کوسوں نظر آئے گا نہ ٹاپو نہ ترائی

نام کس کس کے گنے جائیں، اچھے اچھے داستانِ باکمال، اور بڑے بڑے شعرائے نامدار اسی رنگ میں رنگے ہوئے تھے، مشاعروں میں داد اسی کلام کی ملتی اور محفلوں میں واہ واہ کے نعرے اسی سخن وری پر بلند ہوتے۔ جاننے والے جانتے ہیں کہ وقت کے ادبیات کا رخ پھر دینا کوئی آسان بات نہیں۔ یہ مرزا ہی کا دل و جگر تھا کہ اس فضا میں رہ کر اور اس ماحول میں پل کر شعر کہے تو اس آن بان کے،

آج اس بزم میں وہ جلو نما ہوتا ہے
دیکھیے دیکھیے اک آن میں کیا ہوتا ہے
نالہ رکتا ہے تو سر گرم جفا ہوتا ہے
درد تھمتا ہے تو بے درد خفا ہوتا ہے
بت پرستی میں نہ ہو گا کوئی مجھ سا بدنام
جھیپتا ہوں جو کہیں ذکر خدا ہوتا ہے
عشق میں حسرتِ دل کا تو نکلنا کیسا
دم نکلنے میں بھی کمبخت مزا ہوتا ہے
قالبِ گور پہنچ جاتے ہیں مرنے والے
وہ بھی اس وقت کہ جب شوق رسا ہوتا ہے
آہ میں کچھ بھی اثر ہو تو شرربار کہوں
ورنہ شعلہ بھی حقیقت میں ہوا ہوتا ہے
کس قدر معتقد حسن مکافات ہوں میں
دل میں خوش ہوتا ہوں جب رنج سوا ہوتا ہے
شوقِ اظہار اگر ہے تو میرے دل کو نہ توڑ
اسی آئینہ میں تو جلوہ نما ہوتا ہے
چھوٹی بحروں میں اور بھی قیامت کرتے ہیں،
مرتے مرتے نہ قضا یاد آئی
اسی کافر کی ادا یاد آئی

تم کو الفت نہ وفا یاد آئی
یاد آئی تو جفا یاد آئی
ہجر کی رات گزر ہی جاتی
کیوں تری زلفِ رسا یاد آئی
تم جدائی میں بہت یاد آئے
موت تم سے بھی سوا یاد آئی
لذت معصیت عشق نہ پوچھ
خلد میں بھی یہ بلا یاد آئی
چارہ گر زہر منگا دے تھوڑا
لے مجھے اپنی دوا یاد آئی

ایسی زمینوں میں خوب خوب گل بوٹے کھلائے ہیں،

روشِ وحش وطیر یاد آئی
دشتِ وحشت کی سیر یاد آئی
کعبہ سے پھر کے ہم ہوئے گمراہ
پھر وہی راہِ دیر یاد آئی
زاہد و آج ہم کو پھر وہ شے
جس سے ہے تم کو بیر یاد آئی
دیکھ کر مشہد ادا ان کو
لالہ و گل کی سیر یاد آئی

غالب کی مشہور زمین "بادہ و ساغر کہے بغیر، دشنہ و خنجر کہے بغیر" میں قافیہ بدل کیا کیا گلکاریاں کی ہیں،

غیروں کو ہے ستم کے تقاضے کا حوصلہ
چھوڑیں گے یہ نہ عشق کو رسوا کیے بغیر
وعدہ ہو یا کہ قول وہ ایسے ہیں نادہند
ملتا نہیں کچھ ان سے تقاضا کیے بغیر
زاہد سے گفتگو ہو کہ واعظ سے بحث ہو
بنتی نہیں ہے ذکر کسی کا کیے بغیر
ہر چند اس میں آپ ہی بدنام کیوں نہ ہوں
باز آئیں گے نہ وہ مرا چرچا کیے بغیر
رسوا سے کیوں ملے ہو محبت جتا کے تم
چھوڑوں گا اب نہ میں تمہیں رسوا کیے بغیر

اب ایک غیر مطبوعہ غزل کے تین شعر اور سن کے اس ورق کو الٹ دیجیے،

کیا کہوں تجھ سے محبت وہ بلا ہے ہمدم
ہم کو عبرت نہ ہوئی غیر کے مر جانے سے

دوسرا شعر اس سے بڑھ کر ہے،

دیکھ اس طرح بھی مل لیتے ہیں ملنے والے
شمع کا بس نہ چلا بزم میں پروانے سے

اور تیسرا ان دونوں سے بھی بڑھا ہوا ہے،

جیتے جی اس کے نہ کہتے مگر اب کہتے ہیں
لذت غم نہ رہی غیر کے مر جانے سے

یہ کلام جو ابھی تک ملاحظہ میں آیا، اس کا بیشتر حصہ امراؤ جان سے منقول ہے لیکن آخر کے یہ دو شعر کہیں چھپے ہوئے نظر نہیں گزرے اور اس قصباتی مقالہ نویس کے فخر کے لیے یہ کافی ہے کہ دونوں شعر مرزا صاحب نے اسے لکھنؤ میں اس کے غریب خانہ پر ۱۹۱۹ء میں خود اپنی زبان سے سنائے تھے اور جن تیوروں کے ساتھ، دیکھ اس طرح بھی مل لیتے ہیں آخر والا شعر پڑھا تھا وہ آج تک یاد ہیں۔ شعر پڑھتے وقت بوڑھے سے جوان ہو گئے تھے۔ یہ معلوم ہوتا تھا کہ جس کو شعر میں مخاطب کیا ہے وہ سامنے سر محفل موجود ہے۔

مرزا صاحب کے افسانوں میں سب سے زیادہ مشہور مقبول امراؤ جان ادا ہے، یہ بیسویں صدی کی بالکل ابتدا کی تصنیف ہے۔ ہنگامہ ۱۸۵۷ء سے کچھ قبل یعنی واجد علی شاہی دور کی ایک شستہ، نستعلیق، باتمیز، خوش گو، خوش فہم، شریف طوائف کی آپ بیتی ہے۔ شریف کے لفظ پر چونک نہ پڑیئے، اللہ کی ہر مخلوق کی طرح بازاری کسبنیں بھی کسی درجہ میں شرافت کے معیار پر پوری اتر سکتی ہیں۔ مرزا صاحب کی فرمائش بلکہ اصرار پر یہ صاحبہ اپنی آپ بیتی جابجا سے سناتی ہیں۔ مرزا صاحب لکھتے جاتے ہیں اور کہیں کہیں حاشیہ بھی چڑھاتے جاتے ہیں، بچپن سے نوجوانی، نوجوانی سے جوانی، جوانی سے بڑھاپا ہر دور تفصیل کے ساتھ آئینہ ہو جاتا ہے اور لطف زبان کے ساتھ۔ تجربہ، عبرت و بصیرت کے سامان بھی بہم ہوتے جاتے ہیں۔

طوائف کے نام سے نفرت و حقارت ہی کے جذبات نہ پیدا ہوں، اور یہ خیال

نہ گزرے کہ جو بھی اس پیشہ میں ہیں وہ بہر حال و بہر صورت ذلیل و ملعون ہی ہیں۔ خدا جانے کتنی شریف زادیاں، اشراف گھرانوں کی بہو، بیٹیاں، آفت کی ماریاں ایسی ہوتی ہیں جنہیں زمانہ کی گردش کسی نہ کسی بہانے سے اس پیشہ میں لا پھنساتی ہے اور وہ بیچاریاں حالات کے منجدھار میں بہتی ہوئی ہاتھ پاؤں مارتی ہوئی اس ناپاک اور گندگی زندگی میں جا پڑتی ہیں، جسم شیطان سے بے غیرتی کے سبق لیتا رہتا ہے لیکن ضمیر کی ملامت کی آواز بھی اندر اندر جاری رہتی ہے۔ امراؤ جان کی قسمت میں ناموری، بدنامی کے راستہ سے لکھی ہوئی تھی، پوری ہو کر رہی، مگر وہ کوئی سات پشتوں کی بیسوانہ تھی۔ فیض آباد میں ایک گھر گرہست خاندان میں پیدا ہوئی۔ نام نہ امراؤ تھا نہ امراؤ جان، ماں باپ نے امیرن کہہ کر پکارا تھا۔ بچپن کی قلمی تصویر ملاحظہ ہو۔ آنکھیں اگر نم نہ ہوئیں جب بھی دل میں گداز پیدا ہو ہی جائے گا۔

"شہر کے کنارے کسی محلہ میں میرا گھر تھا۔ میرا مکان پختہ تھا۔ آس پاس کچھ کچے مکان، کچھ جھونپڑے، کچھ کھپریلیں، رہنے والے بھی ایسے ہی ویسے لوگ ہوں گے، کچھ بہشتی، کچھ نائی، دھوبی، کہار۔ میرے مکان کے سوا ایک اونچا گھر اس محلہ میں اور بھی تھا۔ میرے ابا بہو بیگم صاحبہ کے مقبرے پر نوکر تھے، معلوم نہیں کا ہے میں اسم تھا، کیا تنخواہ تھی، اتنا یاد ہے کہ لوگ ان کو جمعدار کہتے تھے۔

دن بھر میں اپنے بھائی کو کھلایا کرتی تھی اور وہ بھی مجھ سے اس قدر ہلا ہوا تھا کہ دم بھر کے لیے نہ چھوڑتا تھا۔ ابا جب شام کو نوکری پر سے آتے تھے، اس وقت کی خوشی ہم بھائی بہنوں کی کچھ نہ پوچھئے، میں کمر سے لپٹ گئی۔ بھائی ابا ابا کر کے دوڑا دامن میں چمٹ گیا، ابا کی باچھیں مارے خوشی کے کھلی جاتی ہیں۔ مجھ کو چمکارا، پیٹھ پر

ہاتھ پھیرا، بھیا کو گود میں اٹھالیا، پیار کرنے لگے۔ مجھے خوب یاد ہے کہ کبھی خالی ہاتھ گھر نہ آتے تھے، کبھی دو کتارے ہاتھ میں ہیں، کبھی بتاسوں، یا تل کے لڈوؤں کا دونا ہاتھ میں ہے۔ اب اس کے حصے لگائے جارہے ہیں۔ اس وقت بھائی بہنوں میں کس مزے کی لڑائیاں ہوتی تھیں۔ وہ کتارا چھیننے لیے جاتا، میں مٹھائی کا دونا ہتھیائے لیتی ہوں۔ اماں سامنے کھپریل میں بیٹھی کھانا پکارہی ہیں۔ ابا ادھر آکے بیٹھے نہیں، ادھر میرے تقاضے شروع ہو گئے ابا اللہ گڑیاں نہیں لائے۔ دیکھو میری پاؤں کی جوتی کیسی ٹوٹ گئی ہے تم کو تو خیال ہی نہیں رہتا۔ لو ابھی تک میرا طوق سنار کے ہاں سے بن کے نہیں آیا، چھوٹی خالہ کی لڑکی کی دودھ بڑھائی ہے، بھئی میں کیا پہن کے جاؤں گی، چاہے کچھ ہو عید کے دن تو میں نیا جوڑا پہنوں گی، ہاں میں تو نیا پہنوں گی۔

جب اماں کھانا پکا چکیں مجھے آواز دی، میں گئی، روٹی کی ٹوکری اور سالن کی پتیلی اٹھالائی، دستر خوان بچھا اماں نے کھانا کھلایا سب نے سر جوڑ کے کھانا کھایا، خدا کا شکر کیا۔ ابا نے عشا کی نماز پرھی، سو رہے۔ صبح کو تڑکے ابا اٹھے، نماز پڑھی، اسی وقت میں کھٹرک سے اٹھ بیٹھی۔ پھر فرمائشیں شروع ہوئیں۔ میرے ابا آج نہ بھولنا گڑیاں ضرور لیتے آنا۔ ابا! شام کو بہت سارے امرود اور نارنگیاں لانا۔"

بچپن کا بھی کیا معصومیت کا زمانہ ہوتا ہے! لڑکی غریب گھرانے کی تھی مگر اپنے حال میں مست اور مگن، باپ کی آنکھ کا تارا، ماں کے کلیجہ کی ٹھنڈک، گناہ کی راہوں سے ناواقف اور بدی کی چالوں سے بے خبر، اس غریبی پر سیکڑوں عمارتیں قربان، جھونپڑے کو محل سمجھنے والی، اور محل کیا معنی معصوم کے حق میں تو وہی چھوٹا سا گھر نمونۂ جنت تھا۔

"ہائے کیا دن تھے، کسی بات کی فکر ہی نہ تھی، اچھے سے اچھا کھاتی تھی اور بہتر سے بہتر پہنتی تھی کیونکہ ہمجولی لڑکیوں میں کوئی مجھے اپنے سے بہتر نظر نہ آتا تھا۔ دل کھلا ہوا نہ تھا۔ نگاہیں پھٹی ہوئی نہ تھیں۔ جہاں میں رہتی تھی وہاں کوئی مکان میرے مکان سے زیادہ اونچا نہ تھا اور سب ایک کٹھریا یا کھپڑیل میں رہتے تھے۔ میرے مکان میں آمنے سامنے دو دالان تھے، صدر کے دالان کے آگے ایک باورچی خانہ تھا، دوسری طرف کوٹھے کا زینہ، کوٹھے پر ایک کھپریل، دو کوٹھریاں، کھانے پکانے کے برتن ضرورت سے زیادہ تھے دو چار دریاں، چاندنیاں بھی تھیں۔ ایسی چیزیں محلے کے لوگ ہمارے گھر سے مانگنے آتے تھے، ہمارے گھر میں بھشتی پانی بھرتا تھا۔ محلہ کی عورتیں خود ہی کنویں سے پانی بھر لاتی تھیں۔ ہمارے ابا جب گھر سے وردی پہن کے نکلتے تھے، لوگ انہیں جھک جھک کر سلام کرتے تھے۔ میری اماں ڈولی پر سوار ہو کر مہمان جاتی تھیں، ہمسائیاں پاؤں پیدل ماری ماری پھرتی تھیں۔

بات سگے پھوپھی زاد بھائی کے ساتھ بچپن ہی میں ٹھہر چکی تھی۔ اور اسی سن میں منگنی ہو جانا اس وقت کے رواج میں داخل تھا۔ میں نے اپنے دولہا (یعنی جس کے ساتھ میری نسبت ٹھہری تھی) کو بھی دیکھا تھا بلکہ ساتھ کھیلی تھی۔ ابا پورا جہیز کا سامان کر چکے تھے کچھ روپئے کی اور فکر تھی، رجب کے مہینہ میں شادی کا تقرر ہو گیا تھا۔ رات کو ابا اماں میں جب میری شادی کی باتیں ہوتی تھیں، میں چپکے چپکے سنا کرتی اور دل ہی دل میں خوش ہوتی تھی، واہ میرے دولہا کی صورت کریمن (ایک دھنیے کی لڑکی کا نام تھا جو میرے ہم سن تھی) کے دولہا سے اچھی ہے۔ وہ کالا ہے۔

میرا دولہا گورا گورا ہے، کریمن کے دولہا کے منہ پر کیا بڑی سی داڑھی ہے میرے دولہا کے ابھی مونچھیں اچھی طرح نہیں نکلیں، کریمن کا دولہا ایک میلی سی دھوتی باندھے رہتا ہے ماشی رنگی ہوئی مرزئی پہنے رہتا ہے، میرا دولہا عید کے روز کس ٹھاٹھ سے آیا تھا، سبز سبز چھینٹ کا دگلہ، گلبدن کا پاجامہ، مصالحہ کی ٹوپی، مخملی جوتا۔ کریمن کا دولہا سر میں ایک پھینٹا باندھے ہوئے ننگے پاؤں پھرتا ہے۔"

محلہ کا ایک گنڈا جان اور آبرو دونوں کا خواہاں ہو گیا۔ ایک روز شام دھوکے سے اپنے گھر بلایا۔ منہ میں کپڑا ٹھونس دیا۔ بیل گاڑی پر ڈال، رات کی اندھیری میں روانہ ہو گیا۔ قسمت نے لکھنؤ پہنچایا اور چوک کی ایک مشہور ڈیرہ دار کے ہاں، جواب سن اترنے پر نائکہ بن چکی تھی بکوایا۔ اب امیرن قبل اس کے کہ سن تمیز آئے، اور اپنے نیک و بد کی عقل پیدا ہو، امراؤ جان تھیں اور جس چراغ کو کسی اندھیرے گھر کا اجالا ہونا تھا اس کے نصیب میں شمع کی طرح گردشِ محفل آئی۔ وکان امر اللہ مفعولا۔ رنگ نکھرا، دکان چلی، جنس عصمت بکی نہیں لٹی۔ فتنہ رفتہ رفتہ قیامت بنا۔ نواب زادوں، امیر زادوں کے شہر میں قدر دانوں کی کیا کمی، سرکاروں، درباروں نے ہاتھوں ہاتھ لیا۔ پر دل کا کانٹا آخر دم تک نہ نکلا، طبلہ کی تھاپ روح کے زخم کا مرہم نہ بن سکی۔ پازیب کی جھنکار اور موتیوں کے ہار، لٹی ہوئی عزت کے آنسو نہ پونچھ سکے۔ اور میلی اڑھنی میں مگن رہنے والی لڑکی دل کا چین بھاری بھاری پیشوازیں پہن کر نہ خرید سکی۔ ماں باپ غریب تھے پر عزت دار تھے۔ اشرفیوں کے توڑے ان کے ہاں بیشک نہ تھے پر غیرت کے خزانہ کے مالک تھے۔ نوٹوں کی گڈیاں ان آنکھوں نے کبھی کیوں دیکھی ہوں گی لیکن یہ آنکھیں وہ تھیں جو شریفوں کے کسی

مجمع میں نیچی نہیں ہونے پائی تھیں۔

یہ غریب امیرن امراؤ جان ادابن کر، بے شمار دولت کما کر اور اسی قدر لٹا کر عین اپنے شباب شہرت میں اپنے وطن فیض آباد پہنچی ہیں۔ یورپ ہوتا تو خاک وطن خود ایسی قابل ایکٹریس، ایسی مشہور زمانہ "آرٹسٹ" کی بلائیں لینے دوڑتی، پریس کے نمائندے "انٹرویو" کے لیے جھپٹتے، خوش آمدید کے تاروں کا انبار لگ جاتا، کس دھوم دھام سے استقبال ہوتا، کیسی کیسی تصویریں چھپتیں۔ یہاں جو کچھ گزری اسے خود امراؤ جان ہی زبان سے سنیے، اور اگر پہلو میں دل ہے تو دل کو ہاتھوں سے سنبھال لیجئے،

ایک دن کمرے پر بیٹھی ہوئی ہوں، ایک صاحب شریفانہ صورت ادھیڑ سے تشریف لائے۔ میں نے پان بنا کے دیا، حقہ بھروا دیا، حالات دریافت کرنے سے معلوم ہوا بہو بیگم صاحبہ کے عزیزوں سے ہیں، وثیقہ پاتے ہیں۔ میں نے باتوں باتوں مقبرہ کی روشنی کی تمہید اٹھا کے پرانے ملازموں کا ذکر چھیڑا۔

میں اگلے نوکروں میں اب کون کون رہ گیا ہے؟

نواب صاحب اکثر مر گئے؟ نئے نئے نوکر ہیں اب وہ کارخانہ ہی نہیں رہا بالکل نیا انتظام ہے۔

میں اگلے نوکروں میں ایک بڈھے جمعدار تھے

نواب ہاں تھے، تم انہیں کیا جانو۔

میں غدر سے پہلے میں ایک مرتبہ محرم میں فیض آباد آئی تھی۔ مقبرہ پر روشنی دیکھنے گئی تھی۔ انہوں نے میری بڑی خاطر کی تھی۔

نواب وہی جمعدار ناجن کی ایک لڑکی نکل گئی تھی۔

میں مجھے کیا معلوم (دل میں) ہائے یہ افسانہ اب تک مشہور ہے۔

نواب یوں تو کئی جمعدار تھے اور اب بھی ہیں مگر روشنی کا انتظام غدر سے پہلے وہی کرتے تھے۔

میں ایک لڑکا بھی ان کا تھا۔

نواب تم نے لڑکے کو کہاں دیکھا۔

میں اس دن ان کے ساتھ تھا۔ ایسی شکلیں ملتے کم دیکھی ہیں، بن کہے میں پہچان گئی تھی۔

نواب جمعدار غدر سے پہلے ہی مر گئے وہی لڑکا ان کی جگہ نوکر ہے۔

اس کے بعد بات کے ٹالنے کے لیے میں نے اور کچھ حالات ادھر ادھر کے پوچھے۔ نواب صاحب نے سوز پڑھنے کی فرمائش کی۔ میں نے دو سوز سنائے۔ بہت محفوظ ہوئے رات کچھ زیادہ آگئی تھی۔ گھر تشریف لے گئے۔ باپ کے مر جانے کا حال سن کے مجھے بہت رنج ہوا۔ اس دن رات بھر رویا کی۔ دوسرے دن بے اختیار جی چاہا بھائی کو جاکے دیکھ آؤں۔ دو دن کے بعد ایک مجرا آگیا۔ اس کی تیاری کرنے لگی۔ جہاں کا مجرا آیا تھا وہاں گئی۔ محلے کا نام یاد نہیں، مکان کے پاس بہت بڑا پرانا املی کا درخت تھا، اسی کے نیچے نمگیرہ تانا گیا تھا، گرد قناتیں تھیں، بہت بڑا مجمع تھا مگر لوگ کچھ ایسے ہی ویسے تھے۔ قناتوں کے پیچھے اور سامنے کھپریلوں میں عورتیں تھیں۔ پہلا مجرا کوئی نو بجے شروع ہوا، بارہ بجے تک رہا۔ اس مقام کو دیکھ کر وحشت سی ہوتی تھی۔ دل امڈا چلا آتا تھا کہ یہی میرا مکان ہے۔ یہ املی کا درخت وہی ہے

جس کے نیچے میں کھیلا کرتی تھی۔ جو لوگ محفل میں شریک تھے ان میں سے بعض آدمی ایسے معلوم ہوتے تھے جیسے میں نے ان کو کہیں دیکھا ہے۔

شبہ مٹانے کے لیے میں قناتوں کے باہر نکلی۔ گھروں کی قطع کچھ اور ہی ہو گئی تھی۔ اس سے خیال ہوا شاید یہ وہ جگہ نہ ہو، ایک مکان کے دوازہ کو غور سے دیکھا کی۔ دل کو یقین ہو گیا تھا کہ یہی میرا مکان ہے، جی چاہتا تھا کہ مکان میں گھسی چلی جاؤں، ماں کے قدموں پر گروں، وہ گلے لگائیں گی مگر جرات نہ ہوتی تھی۔ اس لیے کہ میں جانتی تھی کہ دیہات میں رنڈیوں سے پرہیز کرتے ہیں۔ دوسرے، باپ بھائی کی عزت کا خیال تھا۔ نواب کی باتوں سے معلوم ہو چکا تھا کہ جمعدار کی لڑکی کا نکل جانا لوگوں کو معلوم ہے۔ پھر جی کہتا ہائے کیا غضب ہے صرف ایک دیوار کی آڑ ہے۔ ادھر میری اماں بیٹھی ہوں گی اور میں یہاں ان کے لیے تڑپ رہی ہوں۔ اک نظر صورت دیکھنا بھی ممکن نہیں، کیا مجبوری ہے۔ اسی ادھیڑ بن میں تھی کہ ایک عورت نے آکے پوچھا، "تمہیں لکھنؤ سے آئی ہو۔"

میں ہاں! (اب تو میرا کلیجہ ہاتھوں اچھلنے لگا)

عورت اچھا تو ادھر چلی آؤ۔ تمہیں کوئی بلاتا ہے۔

میں اچھا کہہ کے اس کے ساتھ چلی، ایک ایک پاؤں سو سو من کا ہو گیا تھا۔ قدم رکھتی کہیں تھی پڑتا کہیں تھا۔ وہ عورت اس مکان کے دروازے پر مجھ کو لے گئی جسے میں اپنا مکان سمجھے ہوئے تھی۔ اس مکان کی ڈیوڑھی میں ایک چارپائی پر مجھ کو بٹھا دیا۔ اندر کے دروازے پر ٹاٹ کا پردہ پڑا ہوا تھا، اس کے پیچھے دو تین عورتیں آکے کھڑی ہوئیں۔

ایک لکھنؤ سے تمہیں آئی ہو کیا؟

میں جی ہاں!

دوسری تمہارا نام کیا ہے۔

میں (جی میں آیا کہہ دوں، امیرنؔ مگر پھر دل تھام کے) امراؤ جان

پہلی تمہارا وطن خاص لکھنؤ ہے؟

میں (اب مجھ سے ضبط نہ ہو سکا آنسو نکل پڑے) اصلی وطن تو یہی ہے جہاں کھڑی ہوں۔

پہلی تو کیا بنگلے کی رہنے والی ہو؟

میں (آنکھوں سے آنسو برابر جاری تھے بمشکل جواب دیا) جی ہاں۔

دوسری کیا تم ذات کی پتریا ہو؟

میں ذات کی پتریا نہیں ہوں تقدیر کا لکھا پورا کرتی ہوں۔

پہلی (خود روکے) اچھا تو روتی کیوں ہو آخر کہو تو تم کون ہو؟

میں (آنسو پونچھ کے) کیا بتاؤں کون ہوں۔ کچھ کہتے بن نہیں پڑتا۔

اتنی باتیں میں نے بہت دل سنبھال کے کی تھیں اب بالکل تاب ضبط نہ تھی سینے میں دم رکنے لگا تھا۔ اتنے میں دو عورتیں پردے کے باہر نکلیں۔ ایک کے ہاتھ میں چراغ تھا، اس نے میرے منھ کو ہاتھ سے تھام کے کان کی لو کے پاس غور سے دیکھا اور کہہ کے دوسری کو دکھایا اور کہا کیوں ہم نہ کہتے تھے وہی ہے۔"

دوسری "ہائے میری امیرن" کہہ کر لپٹ گئی۔ دونوں ماں بیٹیاں چیخیں مار مار کے رونے لگیں، ہچکیاں بندھ گئیں۔ آخر اور عورتوں نے آکے چھڑایا۔ اس کے

بعد میں نے اپنا سارا قصہ دہرایا۔ میری اماں بیٹھی سنا کی اور رویا کی۔ باقی رات ہم دونوں وہیں بیٹھے رہے، صبح ہوتے میں رخصت ہوئی۔ ماں نے چلتے وقت جس حسرت بھری نگاہ سے مجھے دیکھا تھا، وہ نگاہ مرتے دم تک مجھے نہ بھولے گی، مگر مجبوری۔ روز روشن نہ ہونے پایا تھا کہ سوار ہو کر اپنے کمر پر چلی آئی۔

دوسرا مجرا صبح کو ہوتا مگر میں نے گھر پر آکر کل روپیہ مجرے کا واپس دے دیا اور بیماری کا بہانہ کہلا بھیجا۔ دولہا کے باپ نے آدھا روپیہ پھیر دیا۔ اس دن، دن بھر جو میرا حال رہا، خدا ہی پر خوب روشن ہے کمرے کے دروازے بند کر دن بھر پڑی رویا کی۔"

اللہ اللہ یہ مشرق کی بیسوا ہے، کوٹھوں پر بیٹھنے والی عصمت فروش، یہ غیرت اس کی ہے جس نے ایک عمر بے غیرتی کی روٹی کھائی۔ رویاں رویاں گناہ کی تباہ کاریوں سے خاک سیاہ، لیکن دل کی گہرائی میں خشیت الٰہی اب بھی زندہ و بیدار! غفلت ہے، بغاوت نہیں، لغزش ہے، سرکشی نہیں۔ ماں بیٹی کی ملاقات کا پر درد منظر آپ دیکھ چکے، اب بھائی بہن کی یکجائی بھی، اسی طرح کلیجہ تھامے ہوئے ملاحظہ ہو،

"دوسرے دن شام کو کوئی دو گھڑی رات گئے ایک جوان سا آدمی سانولی رنگت، کوئی بیس بائیس کا سن، پگڑی باندھے سپاہیوں کی ایسی وردی پہنے میرے کمرے پر آیا، میں نے حقہ بھروا دیا۔ پان دان میں پان نہ تھے، ماما کو بلا کے چپکے سے کہا پان لے آؤ۔ اتفاق سے اور کوئی بھی اس وقت نہ تھا۔ کمرے میں، میں ہوں اور وہ ہے۔

جوان کل تمہیں مجرے کو گئی تھیں، یہ اس تیور سے کہا کہ میں جھجک گئی۔

میں "ہاں" اتنا کہہ کے اس کے چہرہ کی طرف جو دیکھا، یہ معلوم ہوتا تھا جیسے آنکھوں سے خون ٹپک رہا ہے۔

جوان (سر نیچا کر کے) خوب گھرانے کا نام روشن کیا۔

میں (اب سمجھی کہ یہ کون شخص ہے) اس کو تو خدا ہی جانتا ہے۔

جوان ہم تو سمجھے تھے تم مر گئیں، مگر تم اب تک زندہ ہو۔

میں بے غیرت زندگی تھی نہ مری۔ خدا کہیں جلد موت دے۔

جوان بیشک اس زندگی سے موت لاکھ درجہ بہتر تھی۔ تمہیں تو چلو بھر پانی میں ڈوب مرنا تھا۔ کچھ کھا کے سو رہی ہوتیں۔

میں خود اتنی سمجھ نہ تھی۔ نہ آج تک کسی نے یہ نیک صلاح دی۔ اب سہی۔

جوان اگر ایسی غیرت دار ہوتیں تو اس شہر میں کبھی نہ آتیں۔ اور آئی بھی تھیں تو تمہیں اس محلہ میں مجرے کو آنا تھا جہاں کی رہنے والی تھیں؟

میں ہاں اتنی خطا ضرور ہوئی مگر مجھے کیا معلوم تھا۔

جوان اچھا اب تو معلوم ہو گیا۔

میں اب کیا ہوتا ہے۔

جوان (بہت ہی غصہ ہو کے) اب کیا ہوتا ہے، اب (چھری کمر سے نکال کے مجھ پر جھپٹا، دونوں ہاتھ پکڑ کے گلے پر چھری رکھ دی) یہ ہوتا ہے۔

اتنے میں ماما بازار سے پان لے کے آئی۔ اس نے جو یہ حال دیکھا، لگی چیخنے، "ارے دوڑو بیوی کو کوئی مارے ڈالتا ہے۔"

جوان (چھری گلے سے ہٹا کے ہاتھ چھوڑ دیئے) عورت کو کیا ماروں اور عورت

بھی کوئی بڑی۔۔۔

اتنا کہہ کے داڑھیں مار مار کے رونے لگا۔

میں پہلے ہی سے رو رہی تھی۔ جب اس نے گلے پر چھری رکھی، جان کے خوف سے ایک دھچکا سا کلیجے پر پہنچا تھا، اس سے دم بخود سی ہو گئی تھی۔ جب وہ چھوڑ کر رونے لگا، میں بھی رونے لگی، مامانے دو ایک چیخیں ماری تھیں، جب اس نے یہ دیکھا۔ کچھ چپ سی ہو رہی۔ ادھر میں نے اشارہ سے منع کیا، ایک کنارے کھڑی ہو گئی۔ جب دونوں خوب رو چکے

جوان (ہاتھ جوڑ کے) اچھا تو اس شہر سے کہیں چلی جاؤ۔

میں کل چلی جاؤں گی۔ مگر ایک مرتبہ ماں کو اور دیکھ لیتی۔

جوان بس اب دل سے دور رکھو۔ معاف کرو۔ کل اماں نے تمہیں گھر پر بلایا۔ میں نہ ہوا، نہیں تو اسی وقت وارانیا ہو جاتا۔ محلہ بھر میں چرچے ہو رہے ہیں۔

میں تم نے دیکھ لیا جان سے تو میں ڈرتی نہیں۔ مگر تمہاری جان کا خیال ہے، تم اپنے بچوں کے سر پر سلامت رہو۔ خیر اگر جیتے رہے تو کبھی نہ کبھی خیر و عافیت سن ہی لیا کریں گے۔

جوان برائے خدا کسی سے ہمارا ذکر نہ کرنا۔"

یہ زندہ احساس غیرت و شرافت بگڑے ہوئے لکھنؤ اور فیض آباد کا ہے، اجڑے ہوئے اسلامی ہند کا ہے، اس خزاں سے بہار کا اندازہ کرنا کیا کسی کے لیے کچھ بھی مشکل ہے؟ پیشہ ور طوائف کی آپ بیتی ختم ہو چکی، اور کتاب حیات ختم ہونے پر ہے، اس وقت اس کے منہ سے جو بول نکلے ہیں، وہ اس قابل ہیں کہ ہم سنیں،

آپ نہیں، خاک کے پتلے سنیں، نور کے بنے ہوئے فرشتے سنیں، جنہوں نے کچھ نہیں سنا ہے وہ سنیں، جو بہت کچھ سن چکے ہیں وہ بھی سنیں،

"کفایت شعاری کی وجہ سے اب بھی اس قدر اندوختہ ہے کہ اپنی زندگی بسر کرلے جاؤں گی، وہاں کا مالک اللہ ہے، میں بہت دن ہوئے، سچے دل سے توبہ کر چکی ہوں اور حتی الوسع روزہ نماز کی بھی پابند ہوں۔ رہتی رنڈی کی طرح ہوں، مگر پردہ والیوں کے لیے دل سے دعا گو ہوں، خدا ان کا راج سہاگ قائم رکھے اور رہتی دنیا تک ان کا پردہ رہے۔ اس موقع پر میں اپنی ہم پیشہ عورتوں کی طرف مخاطب ہو کے ایک نصیحت کرتی ہوں، چاہیے کہ وہ اپنے دل پر نقش کرلیں۔ اے بیوقوف رنڈی کبھی اس بھلاوے میں نہ آنا کہ کوئی تجھ کو سچے دل سے چاہے گا، تیرا آشنا جو تجھ پر جان دیتا ہے چار دن کے بعد چلتا پھرتا نظر آئے گا۔ وہ تجھ سے ہرگز نباہ نہیں کرسکتا اور نہ تو اس لائق ہے۔ سچی چاہت کا مزہ اسی نیک بخت کا حق ہے جو ایک کا منھ دیکھ کے دوسرے کا منھ کبھی نہیں دیکھتی۔ تجھ جیسی بازاری شفتل کو یہ نعمت خدا نہیں دے سکتا۔

خیر میری تو جیسی گزرنا تھی گزر گئی، اب میں اپنی زندگی کے دن پورے کر رہی ہوں، جے دن دنیا کی ہوا کھانا ہے کھاتی ہوں۔ میں نے اپنے دل کو بہر طور سمجھ لیا ہے اور میری کل آرزوئیں پوری ہو چکیں۔ اب کسی بات کی تمنا نہیں رہی اگرچہ یہ آرزو کم بخت وہ بلا ہے کہ مرتے دم تک دل سے نہیں نکلتی۔ مجھے امید ہے کہ میری سوانح عمری سے کچھ نہ کچھ فائدہ ضرور ہو گا۔ اب میں اپنی تقریر اس شعر پر ختم کرتی ہوں اور سب سے امیدوار دعا ہوں۔

"مرنے کے دن قریب ہیں شاید کہ اے حیات
تجھ سے طبیعت اپنی بہت سیر ہو گئی"

آغاز جیسا کچھ بھی ہوا ہو۔ انجام توبہ، انابت، خشیت، رجوع الی اللہ پر ہو رہا ہے۔ اس انجام پر ہم کو، آپ کو کس کو رشک نہ آئے گا؟

حاشیہ

(۱) یعنی ۱۹۳۲ء

***

۲

قصۂ گل بکاؤلی: جھوٹ میں سچ

"قصۂ گل بکاؤلی" بھی کوئی کتابوں میں کتاب ہے؟ عجب نہیں، کہ ایک سنجیدہ پرچہ میں اس کا نام دیکھتے ہی بہت سے ہونٹوں پر تبسم آجائے۔ لیکن کیا ہرج ہے، اگر کبھی کبھار، خلاف وضع و خلاف عادت صحبتوں کا بھی تحمل کرلیا جائے۔ اور پھر دنیا میں یوں بھی بارہا ہوا ہے، کہ پھٹی پرانی گدڑیوں کے اندر سے لعل و جواہر نکل آئے ہیں۔

بادشاہ زین الملوک کے چار لڑکے پہلے سے ہی موجود ہیں۔ پانچواں تاج الملوک پیدا ہوتا ہے، اس پر نظر پڑتے ہی بادشاہ اندھا ہوجاتا ہے۔ اطبا نے کہا کہ شفا صرف اس پھول سے ممکن ہے جو بکاؤلی پری کے چمن میں ہے۔ چاروں نوجوان شہزادے اس کی تلاش میں روانہ ہوتے ہیں، اور سفر کرتے کرتے ایک بازاری عورت کے دروازہ پر پہنچتے ہیں۔ مکان کے اندر داخلہ کی فیس ایک لاکھ زر نقد ہے۔ دولت کے نشہ میں اندھے، شہزادے اس کے مکان پر پہنچ کر، اطلاع کے نقارے پر چوب لگاتے ہیں۔ کتاب کوئی اخلاق کا پند نامہ نہیں، عشق و عاشقی کا افسانہ ہے، چاہئے تھا کہ مصنف اس بیسوا کے ذکر میں خوب کھل کھیلتا، اور اس "پری جمال"

کے حسن و شباب کی مصوری اس انداز سے کرتا کہ پڑھنے والے نوجوانوں کے دل میں شوق و اشتیاق کی آگ بھڑک اٹھتی، لیکن بر عکس اس کے، نظر الفاظ ذیل سے دوچار ہوتی ہے،

"سنتے ہی اس مکارہ دوراں نے دل میں کہا کہ الحمد اللہ مدت مدید کے بعد۔۔۔ ایسے موٹے تازے شکار نے میرے جال میں آنے کا ارادہ کیا۔ اغلب ہے کہ دام میں پھنسے، پھڑک پھڑک کر مرے۔ نقل مشہور ہے کہ یہ طائفہ اسی تردد میں رہتا ہے کہ کوئی عقل کا اندھا گانٹھ کا پورا ملے سو خدا نے ایسے ہی شخص بھیج دیئے۔"

ان الفاظ کو، خصوصاً جو عبارتیں زیر خط کر دی گئی ہیں، انہیں پڑھنے کے بعد فرمایئے کہ شوق و اشتیاق کی آگ کچھ بھڑکی، یا جو تھی، وہ بھی ٹھنڈی ہو کر خاکستر بن گئی؟ کتاب دور یاجوجی سے بہت قبل کی تصنیف ہے۔ مصنف تاریکی کو روشنی، عیب کو ہنر، زہر کے پیالہ کو شربت کا گلاس کہہ کر پیش کرنے کے "آرٹ" سے ناواقف ہے۔ وہ بدی کے چہرہ پر حسن وزینت کا نقاب ڈال کر اسے پیش نہیں کرتا، وہ بدی کی جب مصوری کرتا ہے تو ہانک پکار کر کہہ بھی دیتا ہے کہ یہ بدی ہے، للہ اس کے فریب میں نہ آجاتا۔

وہ بیسوا، ایک خاص چالاکی کے ساتھ، شطرنج کا کھیل کھیل کر اپنے ہاں آنے والے امیر زادوں کو ہرا دیتی تھی، اور پھر ان کی جائداد لے لوا، انہیں قید میں ڈال دیتی تھی۔ ان چاروں شہزادوں کو بھی یہی ماجرا پیش آیا۔ بالآخر پانچویں شہزادے تاج الملوک نے جا کر انہیں چھڑایا۔ اور یہ ابھی معلوم ہو چکا ہے کہ یہ سب کے سب شہزادے اپنے نابینا والد کی آنکھ کے علاج کے لئے تلاش گل بکاولی میں گھر سے نکلے

تھے۔ مشرق کی بازاری کتاب کے مصنف کا قلم ان واقعات سے نتائج یہ نکالتا ہے،

"اے عزیز تو نے معلوم کیا کہ یہ میں نے کیا کہا۔ اس بات کا حاصل یہ ہے کہ دل عرش منزل تیرا جو رونق بخش تخت بادشاہی کا اور دیکھنے والا مادہ اور مجرد کا تھا، جب اس کی آنکھ اس خلقت ناپاک پر پڑی، اس کی بصارت کو زنگ لگا اور دیدہ روشن تاریک ہو گیا، اب اٹھ اور سرمہ بینائی ڈھونڈھ۔ یعنی گل مراد کی تلاش میں کوشش کر لیکن راہ میں دنیا سے عیارہ کی بازی بن کر تختہ فریب کا دھرا ہوا ہے، مشغول نہ ہونا۔ مبادا وہ فاحشہ تجھ کو پہلے فریفتہ کر کے بتادے، اور بعد اس کے مکر کی بلی اور فریب کے چوہے کی مدد سے اچھا پانسہ اپنے حسب مرضی پھینکے۔ اچانک تیرے توکل کا سرمایہ آخر ہو جائے، تب تجھ کو دائم لاحبس کر رکھے۔ اگر تو صبر کے نیولے کی اعانت سے اس مکارہ کی بازی طلسم کو درہم کر دے تو وہ فاحشہ جو بادشاہوں اور گردن کشوں کی ہمنشیں ہے، تیری فرماں بردار لونڈی ہو کر چاہے کہ تجھ کو اپنے حسن و جمال پر لبھائے پھر اگر تو اس کے منہ پر الفت سے نگاہ نہ کرے تو یقین ہے کہ گل مراد کے دامن تک تیرا دسترس ہو۔"

ضمناً ایک حکایت ایک سادہ لوح برہمن کی آجاتی ہے، جس نے ایک بندھے اور جکڑے ہوئے شیر کی زنجیریں کھول دی تھیں۔ اور شیر نے خود اسی پر حملہ کر دیا تھا۔ تاج الملوک اس حکایت کو اس بیسوا سے بیان کرتا ہے اور معاً بعد ایک ناصح مشفق بن جاتا ہے،

"اے عزیز، سچ ہے جو کوئی بے صبری اور فریاد اپنے نفس کی جو مثل شیر جسم کے پنجرہ میں ہے، سنے اور اس کے حال پر رحم کر کے صبر و توکل کی رسی اس کے

ہاتھ پانوں سے بے محابا کھول دے تو بہر صورت آپ کو اس کا لقمہ بنائے مگر خضر راہنما دستگیری سے بچے تو بچے۔ اے بیسوا یہ ذکر میں نے اس واسطے کیا جو تو جانے کہ طاقت جسمانی، طاقت روحانی پر زیادتی نہیں رکھتی، اب تجھے یہ لازم ہے کہ پورب پچھم کے شہزادوں کو جو تو نے اپنے مکر و فریب سے قید کیا ہے، چھوڑ دے۔ حق تعالیٰ تجھ کو بھی دوزخ کی قید سے نجات دے گا۔"

یہ آپ کوئی متبذل و عامیانہ افسانہ پڑھ رہے ہیں، یا کسی عارف کے حلقہ موعظت و معرفت میں بیٹھے ہوئے ہیں؟ یہ مشرق کی گری ہوئی تصنیفوں میں ہے، مغرب کی بلند پایہ تصانیف کو اس کے مقابلہ میں لا کر دیکھئے!

تاج الملوک جب آگے بڑھنا چاہتا ہے تو معلوم ہوتا ہے کہ گل بکاؤلی قلعہ بکاؤلی میں ہے جس کے پہرے پر ۱۸ ہزار دیو متعین ہیں۔ شہزادہ اس سے ہراساں اور بے آس نہیں ہوتا۔ رفتہ رفتہ دیوؤں کو رام کرتا ہے اور دیووں کی ایک بوڑھی سردارنی حمالہ کا دل اس حد تک اپنی مٹھی میں لاتا ہے کہ وہ اپنی پروردہ شہزادی محمودہ کا نکاح اس کے ساتھ کر دیتی ہے۔ افسانہ نگار کا ذہن اس مجاز سے حقیقت کی جانب منتقل ہوتا ہے،

"اے عزیز روشنی چشم ظاہر میں کہ سات پردوں میں ہے اور تجلی باری تعالیٰ کہ نور دیدہ اولیا ہے، ستر ہزار پردے میں ہے۔ اگر یہ ارادہ ہو کہ وہ پردے درمیان سے اٹھیں تو پہلے اس بڑے نگہبان دیو نفس کا حجاب بیچ سے اٹھا کر اس کو بس میں کر کہ وہ لعین اپنی کج روی کو چھوڑ کر محمودہ کے مقام میں پہنچا دے۔(۱) لیکن یہ بات یاد رکھ کہ اگر دل سے الٹا لیجئے، تو سیدھا پڑے۔"

بکاؤلی بیدار ہوتی ہے اور اس عزیز و عزیز الوجود پھول کو اپنے باغ سے غائب پا کر سخت پریشان اور ملول ہوتی ہے۔ لونڈیاں، باندیاں، ماما، اصیلیں صدہا کی تعداد میں ہیں، سب کی تلاش و سعی بے کار ثابت ہوتی ہے۔ بالآخر بکاؤلی خود اس "چور" کی جستجو میں نکلتی ہے۔ اپنے کو نوجوان مرد کی ہیئت میں تبدیل کرتی ہے، اور تلاش و جستجو میں طرح طرح کی تکلیفیں اور ہر قسم کی صعوبتیں برداشت کرتی ہے۔ افسانہ نگار اس موقع کو بھی ہاتھ سے جانے نہیں دیتا، اور آئین افسانہ نگاری کو بھول بھال یوں درس معرفت شروع کر دیتا ہے،

"سبحان اللہ کیا الٹی بات ہے کہ معشوق طالب عاشق کا ہو اور عاشق اس کا مطلوب۔ لیکن نظر تحقیق سے جو غور کرے تو سیدھی لگے، کیونکہ جب تک معشوق کو خواہش عاشق کی نہ ہو، اس کی چاہت اکارت ہے اور کوشش بے فائدہ۔ آتش طلب کی جو عاشق کے گریبان سے مشتعل ہے، فی الحقیقت لگائی ہوئی معشوق کی ہے۔

عشق اول در دل معشوق پیدا می شود
گر نہ سوزد شمع کے پروانہ شیدا می شود

بات بڑھ گئی۔ قلم کہتا ہے اے شخص بس کر میں نے لکھنے میں بہت سی کوشش کی اور ہاتھ اپنی سعی کا دعویٰ کرتے ہیں کہ قلم سے کیا کیا ہم نے لکھا۔ بازو اپنے تردد کا دم مارتا ہے کہ دست و قلم سے کیا ہوا جو کچھ کیا سو میں نے کیا۔ غرض اس طرح اسباب تحریر کے بڑھے اور ایک پر ایک کو فوقیت ہوتی گئی، دفعتاً ایک ایسا سبب پایا گیا کہ وہ محتاج کسی کا نہ تھا، پس اے عزیز اگر تو بتادے کہ فی الحقیقت لکھنے میں کس کی

سعی ہے اور ظاہر میں کس کی تو میں بھی عاشق و معشوق کی سعی کا جواب دوں۔"

کیا اب بھی آپ کی یہ رائے قائم ہے کہ اس عامیانہ قصہ کا ذکر سنجیدہ پرچہ میں لانا نازیبا اور بے محل تھا۔

بادشاہ، شہزادہ تاج الملوک کی صورت سے بے زار ہو چکا تھا، اسے ملک بدر کر چکا تھا، پر اس نے اپنی خدمت اور سعادت مندی میں کوئی فرق نہیں آنے دیا۔ مہینوں اور برسوں کی تکالیف شاقہ اٹھا کر گل بکاؤلی لے کر آیا، راہ میں چاروں بڑے بھائیوں نے اس سے چھین کر اس کارنامہ کو اپنی جانب منسوب کیا۔ بادشاہ عارضی طور پر ان چاروں سے بہت خوش ہو گیا۔ کچھ مدت کے بعد تاج الملوک بھی پایہ تخت کے قریب پہنچا اور دیوؤں کی مدد سے اس کے مقابل ایک دوسرا شہر نہایت ہی پر رونق آباد کیا، اور پورے شہانہ کروفر کے ساتھ وہاں حکومت شروع کی۔ بادشاہ کو خبر پہنچی۔ قاصد اور وزیر سلطنت کو دریافت حال کے لئے بھیجا۔ انہوں نے واپس ہو کر بہتر سے بہتر رپورٹیں پہنچائیں۔ آخر بادشاہ خود ملنے آیا، اور یہ پہچان کر کہ اپنا ہی لخت جگر ہے بے حد مسرور ہوا، گلے سے لگا لیا ہر طرح کے اعزاز سے سرفراز کیا، اور وہ چاروں بھائی مقہور و مردود قرار پائے۔ قصہ کے اس جھوٹ میں اب سچ کا پیوند ملاحظہ ہو،

"اے عزیز، تیری عزت بادشاہ کے دربار میں تیری خدمت کے موافق ہو گی۔ چاہئے کہ شہزادے کے مانند کارشائستہ کرے تو تیری محبت شاہ کے دل میں موثر ہو اور پیغام اپنی ملاقات کا تجھے بھیجے بلکہ بے باکانہ آپ ہی تیرے پاس چلا آئے، اور بے اختیار تیرا سر اپنی چھاتی سے لگا لے اگرچہ پہلے دیدار کے لائق نہ ہو لیکن

آخر کار اسی مقام میں آپ کو پہنچائے کہ وہاں کوئی تیرا شریک نہ ہو سکے۔ پھر ایسا کام نہ کیجیو کہ شاہزادوں کے مانند داغ لعنت اٹھائے اور کس و ناکس کے روبرو رسوا ہو۔"

رینالڈز، اور میری کاریلی اور اڈگرویلس اور آسکر وایلڈ کو چھوڑئے، اسکاٹ اور جارج ایلیٹ، ڈکنس اور تھیکرے، برناڈشا اور ایچ، جی، ویلز کے ہاں بھی اسی انداز کے مواعظ و معارف ملیں گے؟

تاج الملوک ایک بار پھر مصائب و آفات کا شکار بنا۔ طلسمی عصا اور ٹوپی کو الگ رکھ کر سو گیا۔ سو کر اٹھا اور ایک حوض شفاف میں نہانے کو اترا تو مرد سے عورت بن گیا۔ طرح طرح کے مصائب جھیلے۔ مدت کے بعد پھر ایک حوض میں غوطہ لگایا۔ اب جو سر نکالا تو از سر نو اپنی اصلی ہیئت پر آ گیا۔ یہ طلسماتی کارخانہ، دستان نویس کی زبان سے ایک گنجینہ حقائق و معارف بن جاتا ہے،

"اے یاران دہر، حق تعالیٰ نے بنی آدم کے سر پر کرامت کی ٹوپی پہنا کر اور عصمت کا عصا ہاتھ میں دے کر طلسم گاہ دنیا میں کہ مزرعہ آخرت ہے، عافیت کی تکمیل کے لئے بھیجا ہے۔ پس انسان کو چاہئے کہ گل اور خار اور آب و سراب خوب پہچانے۔ ہر ایک باغ کے پھول کو نہ سونگھے، ہر ایک نہر سے گھڑا نہ بھرے کہ یہاں کانٹے گل سے رنگیں اکثر اور شراب بہ صورت آب ادھر ادھر ہے۔ اے عزیز اگر گوہر دنیا کے لینے کو چشمہ جہاں میں غوطہ مارے گا، مقرر اپنا کلاہ اور عصا کھو دے گا۔ یہ حکم اس بات پر ہے کہ طالب دنیا مونث ہیں اور طالب مولیٰ مرد ہیں۔ تیرا پیکر معانی جو مانند مرد کامل ہے بہ صورت زنان ناقص العقل ہو جائے گا۔ پس اس وقت

شکیبائی کے سوا کچھ چارہ نہیں۔ چاہئے کہ دم بخود ہو کر پھر دریائے ذکر الہی میں غوطہ مارے۔ اس کے بعد جو سر اٹھائے گا وہی عصا ہاتھ میں اور وہی ٹوپی سر پر رکھے گا۔"

یہ وہی کتاب ہے جسے آپ اب تک سر بسر بازاری اور متبذل سمجھے ہوئے تھے؟ اور جس کا ذکر تک سنجیدہ صحبتوں میں آپ کو گوارا نہ تھا؟

تاج الملوک اور بکاؤلی دونوں ایک دوسرے پر فریفتہ اور باہم عقد کے خواہاں ہیں لیکن کہاں پری اور کہاں آدم زاد، بکاؤلی کی ماں بگڑی ہوئی ہے کہ خاکی کے ساتھ اپنی نور نظر کا پیوند کر کے پرستان بھر کی عزت کیسے ڈبو دی جائے۔ بکاؤلی کی ایک خالہ تاج الملوک پر مہربان ہو جاتی ہے۔ اس کی سفارشی بن کر اپنی بہن کے پاس جاتی ہے۔ گفتگو بھی چھڑتی ہے اور اس وقت یہ پری، رومی و غزالی کی زبان میں حقیقت انسانی پریوں ایک مقالہ سنا جاتی ہے،

"سچ کہتی ہے لطیف کو ہم صحبت کثیف کرنا البتہ دانائی سے بعید ہے۔ لیکن تو حضرت انسان کے کمالوں سے اگر واقف ہوتی تو ایسے ایسے خیال فاسد دل میں ہرگز نہ لاتی۔ سن اے نادان، بشر خلیفہ یزداں ہے اور اس کی صفت بے پایاں، مخلوقات میں اشرف اور افضل ہے۔ اس کے رتبوں اور درجوں کی انتہا نہیں۔ وہ ایک نہنگ ہے دریا کا بہنے والا، اور ایک قطرہ ہے حقیقت میں دریا۔ جامع کمالات، علم کونی والہی کا یعنی مادیات اور مجردات کا اور مجمع ہے مراتب بندگی اور بادشاہی کا۔

انساں کی ذات برزخ جامع ہے بے گماں
ظل خدا و صورت خلق اس میں ہے عیاں

جان کہ صوفیہ ہر ایک کو عالم ارواح کے نوعوں میں سے باری تعالیٰ کا ایک ایک

اسم اور صفت کا مظہر خاص جانتے ہیں اور اس عالم صورت کو کہ حواس ظاہری اور باطنی سے نسبت رکھتا ہے۔ اس عالم کا سایہ پس ہر ایک ذرہ فرد کائنات سے روشن ایک تجلی ابدی اور سیر اب ایک قطرہ سرمدی سے ہے۔

برگ درختاں سبز در نظر ہوشیار
ہر ورقے دفتریست معرفت کردگار

اس عالم میں انسان کہ سارے افراد کون و فساد کے لازمی ہیں، خدا کے سارے اسموں اور صفتوں کا مصدر ہے اور اس کی تجلیات خاص کا مقام۔ کلام فضیلت انسان میں دریائے بے پایاں ہے اس قدر پر اکتفا کیا۔"

مغربی افسانوں اور ناولوں، ڈراموں اور ناٹکوں، تھیٹروں اور سنیما گھروں پر اس تعلیم کا کوئی سایہ بھی پڑنے پایا ہے؟

تاج الملوک ایک بار پھر آوارۂ وطن ہو کر فقیرانہ لباس میں پردیس میں گھوم رہا ہے، گردش سوار ہے۔ اس ملک کا وزیر ایک سازش کر کے اس بے گناہ کو گرفتار کراتا ہے۔ فسانہ نگار اس بات سے بھی ایک بات پیدا کر لیتا ہے،

"سچ ہے کہ جو کوئی حکمت حکیم مطلق کی گوناگوں تامل کی نظر سے دیکھے تو کسی چیز کو خالی شر سے نہ پاوے۔ اور ہر ایک شر کے بعد خیر ملاحظہ کرے۔ اے عزیز حق تعالیٰ نے عالم ارواح کو بدن سے رخصت دی ہے۔ پس جو حرکت کہ بظاہر بدن سے ہو حقیقت میں روح سے ہے۔ غرض کہ جو فساد کہ اس عالم کون و فساد میں ہو تو اس کی طرف سے جان، لیکن شر نہ سمجھ کہ در پردہ وہ خیر ہے کیونکہ وہاں شر کی گنجائش نہیں۔"

تاج الملوک پر ایک اور شہزادی فریفتہ ہوتی ہے اور وہ اور اس کی سہیلیاں خوب بن ٹھن کر اپنے تئیں اس کے سامنے پیش کرتی ہیں۔ تاج الملوک کی نظر میں بکاؤلی سمائی ہوئی تھی۔ وہ کسی کے بھی حسن و جمال زیب و زینت سے متاثر نہ ہوا۔ شہزادی غش کھا کر گر پڑی اور تڑپنے لگی۔ تاج الملوک پر یہ آتش باطنی اثر کر گئی۔ مشرق کا افسانہ نگار اس کا نتیجہ یہ نکالتا ہے کہ اپنے کو بالکل مٹا کر رکھ دینا چاہیے۔ کہتا ہے،

"سن اے عزیز، رسول مقبول صلی اللہ علیہ وسلم نے اپنی عبادت کو بادشاہ حقیقی کی نذر کے لائق نہ دیکھا۔ عجز سے کہا کہ عبادت تری میں نے جیسی چاہیے نہیں کی، پھر کس کا منہ ہے کہ اپنی عبادرت پر نازاں ہو۔ بہتر یہی ہے کہ آپ کو اس کی محبت کی گھریا میں یہاں تک پگھلائے کہ اکسیر کے مانند خاک ہو جائے تا شاہان اکسیر پسند کی آنکھوں میں سونے سے زیادہ نظر آئے۔"

تاج الملوک کی شادی اس شہزادی کے ساتھ ہو گئی لیکن دل اس کی جانب مطلق ملتفت نہ ہوا۔ دماغ میں ہر وقت وہی بکاؤلی بسی رہتی تھی۔ قلم حقیقت رقم بات کا رخ معاًیوں پھیر دیتا ہے،

"اے عزیز، جب تک تیرے دل کی آنکھیں، اغیار کے حسن کو دیکھنے والی ہیں، تجھے یار کی صورت نظر نہیں آتی، ہر چند بے پردہ ہو۔ پہلے خار رغبت اغیار کو دل کی سرزمین سے اکھاڑ کر پھینک دے، پھر گل رخسار یار کو آئینہ دل میں دیکھ لے۔ اگر تو اپنے گلش وجود کو بنظر تامل دیکھے تو ان میں رنگ و بو کے سوا کچھ نہ پاوے۔"

کتاب کوئی ضخیم نہیں۔ دیباچہ اور تصویریں ملا کر بھی حجم ۹۰-۹۲ صفحے کا ہے۔ اتنی مختصر ضخامت کے اندر حکمت و معرفت، پند و موعظت کے کتنے جواہر پارے آپ کی نظر سے گزر چکے۔ اب کتاب ختم ہونے کو آگئی۔ دو ایک نمونے اور ملاحظہ فرما لئے جائیں۔ تاج الملوک کا وزیر زادہ بہرام، بکاؤلی کی ایک عزیزہ روح افزا پر عاشق و شیدا ہو جاتا ہے۔ باریابی کی کوئی صورت نظر نہیں آتی۔ عورت کا بھیس بدل کر کسی تدبیر و حکمت سے خلوت تک جا پہنچتا ہے۔ اس عشق فانی میں عشق باقی کا رنگ ملاحظہ ہو،

"اے عزیز، اگر بہرام زنانہ لباس نہ پہنتا تو ہرگز اپنی معشوقہ سے اتنا جلد نہ ملتا، اور اپنے مطلب کو نہ پہنچتا۔ فی الواقع جو عاشق کہ معشوق کا رنگ پکڑتا ہے، معشوق خود عاشق اس کا ہو جاتا ہے۔ چنانچہ پیغمبر خدا صلی اللہ علیہ وسلم نے بھی اس وضع کا کلام فرمایا ہے۔ حاصل اس کا یہ ہے کہ خصائل خدا کی پیروی کرو تاکہ قربت اس سے حاصل ہو۔"

بہرام اپنی محبوبہ کی خلوت گاہ تک دوبارہ رسائی حاصل کرتا ہے۔ مگر اس کے ظاہری غصہ اور ناگواری کو دیکھ کر سہم جاتا ہے، ڈر سے غش کھا کر گر پڑتا ہے، یہ دیکھ جو دل پتھر تھا، موم ہو جاتا ہے۔ خود اسے ہوش میں لانے کی تدبیریں شروع ہو جاتی ہیں، نگاہ عبرت اس میں بھی ایک منظر معرفت دیکھتی ہے۔

"اے عزیز اگر اپنے نور عقل کو حکمتوں سے زیادہ نہ چمکائے گا تو تجلی یار سے فائدہ نہ پائے گا۔ اگر تو یہ ہستی موہوم نہ چھوڑے تو حیات ابدی کب تیرے پاس آئے۔ جو راہ عشق میں آپ سے نہ گزرا وہ منزل مقصود میں کب پہنچا۔"

روح افزا نے گھر والوں کے ڈر سے بہرام کو سحر کے اثر سے پرندہ بنا کر ایک پنجرہ میں بند کر کے لٹکا لیا ہے کہ ہر وقت آنکھوں کے سامنے رہے۔ ماں کو کچھ سن گن ملتی ہے، چور کے ڈھونڈنے کو آتی ہے، اور گھر کا کونا کونا ڈھونڈھ مارتی ہے، چڑیا کے پنجرے کی طرف خیال بھی نہیں جاتا۔ حالانکہ وہ بالکل نظر کے سامنے ہے۔ فسانہ نگار یہاں بھی پتہ کی بات سے نہیں چوکتا،

"اے عزیز تو عرش پر کس کے ڈھونڈنے کا ارادہ رکھتا ہے جو تیرے خانہ دل میں ہے، اس کی تو تجھے خبر نہیں۔ واہ واہ دور کا دھیان اور نزدیک آپ سے انجان۔"

دو سطریں آگے بڑھ کر اسی پرند اور قفس کی کہانی کو ایک پورا مقالہ حکمت بنا دیتا ہے۔ اور اسی پر کہنا چاہئے کہ افسانہ کی معرفت آموزیوں کا خاتمہ ہو جاتا ہے،

"اس کہ کنہ سمجھ لے اے نادان، بہ سبب علاقہ، روح سبزہ زار دنیا کی سیر کو آتی ہے۔ جب تک یہ مربع طلسم عناصر اس کے گلے میں پڑا ہے اور قفس وجود میں طوق بندگی اس کا گلوگیر ہے۔ چشم ظاہر میں مشت خاک کے سوا کچھ نہیں دیکھتی۔ جس دن یہ طلسم ٹوٹ گیا کیفیت اس کی کھل جائے گی کہ وہ کون ہے اور یہ نیرنگ کیا ہے۔ چنانچہ رسول اللہ صلی اللہ علیہ وسلم نے بھی فرمایا ہے جب لوگ آویں گے اس حال سے ہوں گے۔ وجود مطلق ایک دریا ہے اور ہر موجود مثل حباب ہے۔ جب حباب سے ہوا نکل گئی، دریا کے سوا کچھ نہیں۔ پس تامل سے دیکھ کہ اصلی ہستی دریا کی ہے۔ لیکن فرق مرتبہ کا البتہ ہے۔ حباب کو کوئی دریا نہ کہے گا اور دریا کو حباب۔ اور کعبہ کو قبلہ کہتے ہیں اور بت خانہ کو کنشت، جہنم کو دوزخ اور جنت کو بہشت۔

ہر مرتبہ میں اور ہی حکم وجود ہے
زندیق ہے جو فرق مراتب کرے نہ تو

واقعی مسئلہ وحدت وجود کا مشکل ترین مسئلہ ہے اور بہتیرے اس بحر عمیق میں گر کے مذہب جبری کے بھنور میں جا پڑے اور اکثر مسلک دہری کے گرداب میں ڈوبے۔ ہادی یہاں فضل الٰہی اور کرم رسالت پناہی کے سوا کوئی نہیں۔"

جو تصنیف ننگ مشرق تھی، اس کا جائزہ آپ لے چکے۔ جو تصانیف فخر مغرب ہیں کیا انہیں اس کے مقابلہ میں لایا جاسکتا ہے؟ ہمارے ہاں کی جو سچی کتابیں، سچوں پر اتری ہوئی یا سچوں کی لکھی ہوئی ہیں، انہیں چھوڑیے، ان کی سچی شرحوں کو بھی جانے دیجئے۔ جو کتابیں کھلم کھلا جھوٹی لکھی گئی ہیں جنہوں نے اپنے جھوٹ کو چھپایا نہیں، چمکایا ہے، ان کے اندر بھی اتنی سچائیاں اور گہری سچائیاں آپ نے دیکھ لیں؟ جس قوم کے جھوٹ میں اتنی سچائیاں ہوں، جس قوم کے جھوٹے بھی اتنے سچے ہوں، کیا خدا کی شان ہے کہ اسے درس اخلاق دینے وہ قوم آئی ہے جس کا ہر سچ اندر سے جھوٹ ہی ہے۔

***

۳

سچی باتیں (۷ کالم)

الف: بڑائی کیا ہے؟

اپنے بچپن مین جب بڑے بڑے لوگوں کی حکایتیں سنتا تھا، تو خود بھی بڑے بن جانے کی تمنا دل میں پیدا ہو جاتی تھی، لیکن یہ تمنا محض مبہم و غیر متعین تھی۔ ذہن کے سامنے یہ صاف نہ تھا، کہ بڑا ہونا کسے کہتے ہیں، اور بڑائی حاصل کیونکر ہوتی ہے، آیا محض سِن کے بڑھ جانے سے، یا کچھ اور بھی ضرورت پڑتی ہے؟ جب اسکول کے نیچے درجوں میں پڑھنا شروع کیا، تو خیال ہوا، کہ جب نویں اور دسویں درجہ میں پہونچ جائیں گے، تو بڑے ہو جائیں گے، بڑے کہلائیں گے، اور بڑے شمار کئے جانے لگیں گے۔ وہ زمانہ آیا، نواں درجہ بھی پاس کیا، اور میٹریکولیشن کا امتحان بھی دیا۔ ایک امتحان میں اتنے اچھے نمبر ملے، کہ وظیفہ بھی ملنے لگا۔ لیکن "بڑائی" اب بھی نہ حاصل ہوئی!

خیال ہوا کہ اسکولی زندگی بھی کوئی زندگی ہے، عزت کالج کی طالب علمی میں ہے۔ کالج میں داخلہ ہوا۔ یہاں فرسٹ ایر کے طلبہ سب سے زیادہ حقیر تھے۔ دل نے کہا کہ عزت اور بڑائی اُس وقت سے شروع ہو گی، جب سے بی، اے کلاس

میں آئیں۔ ایف، اے پاس کیا، اور بڑی خوشی کے ساتھ تھرڈ ایر میں آئے۔ پر یہ خوشی بھی بالکل عارضی ثابت ہوئی۔ اب یہ رائے قائم ہوئی، کہ دُنیا معزز اُس وقت قرار دے گی، جب گریجویٹ ہو جائیں گے، اور نام کے ساتھ بی، اے لکھا جانے لگے گا۔ کالج میں متعدد انعامات پائے، مجلس علمی میں مضامین و مقالات پڑھ کر سُنائے، ان پر خوب واہ واہ ہوئی، محفل مشاعرہ کا لطف آ آگیا، بالآخر بی،اے کی امتحان میں شرکت کی۔ جب نتیجہ شائع ہونے کو ہوا، تو خوشی اور شوق سے راتیں آنکھوں میں کٹتی رہیں۔ اور دل دن گنتا رہا، کہ گزٹ کب آئے گا۔ آخر کار، وہ مبارک دِن آکر رہا، اور جی خوب خوب خوش ہوا۔ معلوم ایسا ہوتا تھا، کہ بس اب مسرتِ جاودانی کا خزانہ ہاتھ آگیا۔ پر، افسوس، کہ یہ مسرت بھی دیرپا نہ ثابت ہوئی۔ اور دل بدستور عزت اور بڑائی کا تمنائی، جاہ و ناموری کا بھوکا، اور اور فکروں میں پڑگیا، اور امیدوں اور تمناؤں کے نئے نئے ہوائی قلعے تعمیر کرنے لگا۔

سِن بڑھتا گیا۔ کامیابیاں اور کامرانیاں، اندازے اور استحقاق دونوں سے کہیں بڑھ بڑھ کر نصیب ہوتی رہیں۔ جاہ و مال، عزت و ناموری، دوستوں کی دوستی اور عزیزوں کی محبت، داد دینے والوں اور دل بڑھانے والوں، کسی طرف سے محرومی نہ رہی۔ پر دل کی ہوس کسی منزل پر بھی پہونچ کر نہ بجھی۔ ہر منزل پہلے دُور سے دل کو لُبھاتی اور للچاتی رہی، کہ گویا وہی عین مقصود ہے، اور پیاس کے مارے، ہارے تھکے مسافر کے لئے سرد پانی کا چشمہ، لیکن جب جب اُس منزل پر قدم پہونچا تو نظر کا فریب کھُل کر رہا، اور ہمیشہ یہی نظر آیا، کہ یہ راہ کی منزل تھی، منزل مقصود نہ تھی۔ پانی کا چشمہ نہ تھا، ریگ کے ذروں کا چمکتا ہوا میدان تھا! عمر کا بیشتر

حصہ گزر چکا، دل ودماغ، جسم وحواس کی بہترین قوتوں کی فرصتیں ختم ہو چکیں، اور حاصل اگر ہوا، تو صرف یہ کہ کچھ حاصل نہ ہوا، اور سبق اگر ملا تو یہ، کہ رہ گذر کے فریب نے اب تک ہر ہر قدم پر مبتلا رکھا! ساری "دل لگی" صرف طلب کے وقت تک ہے، 'یافت' کے وقت معلوم ہوتا ہے، کہ کچھ بھی یافت نہ ہوئی! فلاں عہدہ اور فلاں مرتبہ، فلاں اعزاز اور فلاں دولت، یہ ساری امیدیں اور آرزوئیں، سوا اس کے کہ، پھر طبیعت کو ڈانواڈول ہی رکھیں، اور کس کام کی ہیں! اُردو کے عارف شاعر، اکبرؔ نے اسی آپ بیتی کو کتنے خوشنما اور مؤثر لفظوں میں ادا کیا ہے۔

کارِ جہاں کو دیکھ لیا میں نے غور سے
اک دل لگی ہے سعی میں حاصل میں کچھ نہیں!

دوستو اور عزیزو! عبرت حاصل کرو، اُس کے حال سے، جس کا حالِ زار صرف عبرت ہی کے لئے ہے۔

ب: عالمی جنگوں کا مقصد اولین

مہذب جاپانؔ، اور نیم مہذب چینؔ کے درمیان آخر جنگ شروع ہو کر رہی۔ روک تھام کی کوششیں سب نے کیں۔ جمعیۃ الاقوام (لیگ آف نیشن) نے بھی اپنی طرف سے بہت کچھ جتن کر ڈالے، پر لڑائی اپنی سفاکیوں اور ہولناکیون، خوں باریوں اور آتش پاشیوں کے ساتھ، چھڑ کر رہی، نالاں وپریشاں، بیزار متوحش ہر شخص ہے، پھر، سوال یہ ہے، کہ آخر یہ جنگ چھڑی ہی کیوں؟ اور اس کے اسباب کیا ہوئے؟ جواب کی تفصیلات میں اختلاف ہوتا ہے، کوئی کہتا ہے، کہ جاپان،

شنگھائی پر قبضہ اپنے تجارتی اغراض کے لئے ضروری سمجھتا ہے، کوئی محض "جاپانی امپرئیلزم" (جوع الارض) کہہ کر خاموش ہو جاتا ہے، اور کوئی کچھ اور۔ لیکن اجمالاً اتنے جزء پر ہر صاحب رائے کا اتفاق ہے، کہ تہ میں جاپان کا جذبۂ تجارت ہی کام کررہا ہے۔ کوئی مذہبی اختلاف نہیں، کوئی عقائد کا جھگڑا نہیں، کسی اصولِ اخلاق کا سوال نہیں۔ دارومدار محض تجارت اور دکانداری پر! اور اسی کی خاطر ہزاروں لاکھوں جانیں تلف ہوں گی، ہزارہا ہزار گھرانے لُٹیں گے اور کروروں اربوں کی دولت برباد ہوگی۔

یہ منظر کوئی نیا، اور یہ واقعہ کچھ انوکھا نہیں۔ اس سے ۳۵ برس قبل والی عظیم الشان جنگ چینؔ وجاپانؔ کس بنا پر ہوئی تھی؟ روسؔ وجاپانؔ کی خونریزیوں کی بنیاد کیا تھی؟ امریکہؔ واسپینؔ میں آویزش کیوں ہوئی تھی؟ برطانیہؔ اور بوئروںؔ کے درمیان کون سا مذہبی مناقشہ تھا؟ اور سب سے بڑھ کر، تاریخ کی جنگ اعظم میں، جس میں جرمنیؔ اور فرانسؔ، اٹلیؔ اور آسٹریاؔ، برطانیہؔ اور امریکہؔ، روسؔ اور بلجیمؔ، دنیا کی سب ہی مہذب اور گوری قومیں پھاند پھاند کر رہتی تھیں، اُس کی بنیاد، بجز تجارتی رقابت کے، اور کس چیز پر تھی؟ دین ومذہب نہ سہی، اخلاق وشرافت کے نام پر بھی اب کسی کی تلوار نیام سے نکلتی ہے؟ کسی ایک سپاہی کی رائفل سر پر ہوتی ہے؟ اکبرؔ کی عارفانہ نگاہ مدت ہوئی اِس منظر کو دیکھ چکی ہے، اور زبان اس کا مرثیہ پڑھ چکی ہے

مذہب کے واسطے نہ شرافت کے واسطے
ہے اب تو جنگ حکم وتجارت کے واسطے

لے ہی گئے گھسیٹ کے مجھ کو پریڈ پر
تیار ہو رہا تھا میں جنت کے واسطے

لیکن بدنام بیچارہ مذہب ہی ہے۔ "روشن خیالوں" کا فتویٰ مذہب ہی سے متعلق چلا آتا ہے، کہ مذہب ہی فساد پھیلاتا ہے، مذہب ہی جنگ سکھاتا ہے، مذہب ہی عداوت پھیلاتا ہے۔ دین کے دشمنوں کیا دین کے ساتھ عقل کے بھی دشمن ہو گئے ہو؟ اپنے کو عقل کا نام لیوا بتاتے ہو، کم از کم، عقل کے ساتھ تو دوستی کا حق ادا کرو۔ اور عقل وانصاف، تجربہ ومشاہدہ ہی سے کام لے کر بتلاؤ، کہ دنیا میں جتنی خوں ریزیاں اور بربادیاں، سفاکیاں، اور تباہ کاریاں، ظلم وستم، شقاوتیں اور آزار رسانیاں، تمدن وتہذیب، کے خاطر، اور تجارت ودُکانداری کے لئے ہو رہی ہیں، اُن کا دسواں، بیسواں، پچاسواں حصہ بھی مذہب کے لئے ہوتی ہیں! یا آج نہ سہی، پہلے بھی کبھی ہوئی ہیں؟ نیت کا سوال چھوڑیئے، اہلِ جہاد کی نیت کا افضل واعلیٰ ہونا تو منکروں کو بھی تسلیم ہے (عذابِ ابدی سے بچانے اور نجات ابدی کی طرف لے جانے کے مقصد کے شریفانہ ہونے میں تو کسی کو بھی کلام نہیں) یہاں سوال صرف نتائج وواقعات کا ہے۔ اس معیار سے بھی دیکھئے، تو ان کی جنگ، ہمارے جہاد سے، کتنی زائد ظالمانہ، وحشیانہ وبہیمانہ نظر آئے گی!

ج: محرم الحرام

اگر آپ مسلمان، اور سُنّی مسلمان ہیں، تو حشر ونشر اور روز قیامت پر ضرور آپ کو عقیدہ ہو گا۔ پھر اُس روز اگر شہید کربلا امام حسین علیہ السلام کا اور آپ کا

سامنا ہو گیا، اور وہ محرّم کی بابت کچھ سوالات آپ سے کر بیٹھے، تو کیا آپ اُن کا تشفی بخش اور معقول جواب دے سکیں گے؟ اگر امام مظلوم نے سوال کر دیا، کہ تم محرّم میری توہین ورسوائی کے لئے مناتے تھے، یا میری عزت و تعظیم کے لئے؟ میں نے دسویں محرم بھوک اور پیاس کی شدت کے ساتھ گزاری، اور تم میرا نام لے لے کر اُس روز خوب مزے مزے کے حلوے پکاتے اور کھاتے رہے، اور خوب ٹھنڈے ٹھنڈے شربت پیتے اور پلاتے رہے! میں نے تو وہ سارا دن خدا کی یاد اور اللہ کی پکار میں گزارا، اور تم اُسی روز سارا وقت باجے اور جلوس کے اہتمام میں صرف کرتے رہے۔ اور نفل نمازیں الگ رہیں، فرض نماز تک سے غافل رہے؟ میں نے شب شہادت، عبادت حق اور اور یادِ الٰہی میں گزاری، اور تم نے غضب یہ کیا، کہ وہ ساری متبرک رات روشنی اور چراغاں کرنے، باجہ بجانے، اور کاغذی مقبروں کے آگے سر جھکانے میں بسر کرتے رہے؟ یہ سب کچھ کر کے، میرے عقیدے سے اپنے عقیدہ کا، میرے عمل سے اپنے عمل کا، میرے زندگی سے اپنی زندگی کا، کوئی بھی واسطہ تم نے باقی رکھا؟ اگر یہ سوال حشر کے دن شہیدوں کے سردار، اور حق پرستوں کے پیشوا نے کر دیا، تو فرمایئے، آپ کے پاس کوئی معقول جواب ہو گا؟

کیا جواب آپ اُس وقت دے سکیں گے، جب امام مظلوم، اور حشر کے سامنے، آپ کو قائل ولاجواب کرنے کے لئے آپ سے پوچھیں گے، کہ میرے نانا علیہ الصلاۃ والسلام تو صاف لفظوں میں تمہیں اور سینہ پیٹنے سے منع کر گئے تھے، پھر یہ کیا تھا، کہ تم میرا نام لے لے کر ماتم کرتے اور سینہ پیٹتے رہے؟ میرے جد امجدؐ کی شریعت نے تو نوحہ خوانی سے کھلے طور پر تمہیں روک دیا تھا، مگر تم میرے نام کی آڑ

پکڑ کر نوحہ خوانی، سوز خوانی، و مرثیہ خوانی کرتے رہے؟ میرے رسول برحق نے تو غیر خدا کی پرستش ہر طرح تم پر حرام کر دی تھی، لیکن اس پر بھی تم اپنے ہاتھوں کے بنائے ہوئے کاغذی مقبرے بہت سا روپیہ لگا لگا کر تیار کرتے رہے، اُن پر چڑھاوے چڑھاتے رہے اور اُن سے اپنی منتیں مُرادیں مانگتے رہے؟ میری شہادت کے بعد میرے دشمنوں نے جلوس نکالا، باجہ بجایا، روشنی کی۔ تم نے بھی یہ سارے طریقے اور دستور اختیار کر لئے۔ اور اپنے آپ کو میرا دوست اور محبت کہتے رہے؟

کیسی حسرت و ندامت ہو گی اُس گھڑی، جب جوانانِ جنت کا وہ سرتاج، آپ سے فرمائے گا، کہ تم نے میری زندگی سے کوئی سبق نہ حاصل کیا، میرے نمونۂ عمل کو اپنے لئے بالکل بیکار سمجھا، میری شہادت و جانبازی سے کوئی نصیحت نہ لی، میری سچائی کو ایک دل لگی سمجھا، میری حق پرستی کو تماشا خیال کیا، میری جان و مال کی قربانی کو ایک کھیل، یا سوانگ سے زیادہ وقعت نہ دی! میری راہ نہ اختیار کی، اور میرے نام کو بدنام کیا، میرے طریقے پر نہ چلے، اور میرے ہاں پردہ نشین بیویوں کے ناموں کو کوچہ و بازار میں خوب اُچھالا، میری طرح حق پر قائم رہ کر تکلیفیں اور مصیبتیں برداشت کرنے کی بھی کوشش نہ کی، اور تعزیوں کے غول کے آگے پیچھے ہونے پر آپس میں خوب لڑے؟

د: دین نہیں تخریب دین

پولیس کا سب انسپکٹر اپنے تھانہ میں لاکھ با اختیار سہی، لیکن صوبہ کے گورنر کو اگر آپ "داروغہ جی" کہہ کر مخاطب کریں، تو یہ اس کی تعظیم ہوئی یا توہین؟ ڈپٹی

مجسٹریٹی بجائے خود ایک معزز عہدہ ہے، لیکن وائسرائے بہادر کو "ڈپٹی صاحب" کہہ کر دیکھئے تو! سپہ سالار (کمانڈر انچیف) افواجِ ہند کو کبھی "اجی جمعدار صاحب" کہہ کر آواز دینے کی ہمت آپ کی پڑے گی؟ کسی بادشاہ کے وسعتِ اختیارات کے بیان میں یہ کہہ ڈالنا، کہ اُسے ہر کانسٹبل، ہر پٹواری، سے زیادہ قدرت حاصل تھی، اُس کی مدح وتوصیف ہوئی، یا اور ہجو وذم؟۔۔۔۔۔ آپ اِن مثالوں کو سُن کر ہنس رہے ہیں، لیکن جب آپ اُن مسلمانوں کی کتابیں اور تحریریں پڑھتے ہیں، جنھوں نے اپنے پیمبرؐ کو دُنیا کا کامیاب ترین لیڈر دکھادینے پر بس کرلیاہے، راحت غیر محدود و مسرت غیر منقطع کا راستہ دکھانے والے کو ایک بڑا خوش تدبیر "انقلابی" اور زبردست جرنیل ثابت کردینے پر قناعت کرلی ہے، تو آپ کو اِن بھائیوں کی عقل ودانش پر رونا کیوں نہیں آجاتا؟ کیا پہلی جن جن مثالوں کو پڑھ کر آپ ہنستے تھے، اُن سے آپ کے بھائی بَندوں کی یہ "دانشمندی" کچھ کم ہے؟ گورنر اور سب انسپکٹر، وائسرائے اور ڈپٹی کلکٹر، تو پھر باہم بہت کچھ اشتراک ومناسبت رکھتے ہیں، لیکن نبی اور غیر نبی، صاحبِ وحی اور محض لیڈر، کا بھلا کوئی بھی مقابلہ ہے یا آپ میں کچھ بھی نسبت ہے؟

آپ خوش ہورہے ہیں، کہ فلاں مسلمان اہلِ قلم نے رسول اللہ ﷺ کو بہت بڑا مصلح ملت، مصلح معاشرت، مصلحِ اخلاق، اور بہت بڑا مدبّر وحکیم، دانا وفرزانہ ثابت کردیاہے۔ گویا حضورؐ کی یہ حیثیات بھی کبھی معرض بحث میں رہی ہیں، اور حضور انورؐ کے اِن خصوصیات سے بھی کبھی انکار کیا گیاہے؟ آپ کی خوش تدبیری اور مصلحت شناسی، تو بڑے بڑے کندہ ذہن فرنگیوں تک کو تسلیم رہی ہے، اور ان

ظالموں نے بڑے بڑے طویل مقالات اور بڑے بڑے ضخیم دفاتر تیار کرکے یہی ثابت کیا ہے، کہ آپ نے حالات کو موافق و مساعد پاکر، محض اپنی ذہانت و ذکاوت، اپنی خوش تدبیری و فرزانگی، سے سارے عرب کو رفتہ رفتہ مسخر کرلیا۔ ڈاکٹر ماڈسلیؔ، کچھ روز ہوئے، برطانیہ کا ایک مشہور ڈاکٹر ہوا ہے، امراضِ دماغی کا ماہر فن سمجھا جاتا تھا، اور اس پر متعدد کتابوں کا مصنف ہوا ہے۔ اِس ظالم نے امراضِ دماغی کے ذیل میں، ایک جگہ مرضِ صرع، اور اس کے اسباب، علامات و نتائج کا بیان کرتے کرتے یہ لکھ دیا ہے، کہ اس کے دَورے، کمالِ عقل کے ذرا بھی منافی نہیں، چنانچہ (آگے کے الفاظ نقل کرنے کی جسارت کہاں سے لائی جائے) خود داعیِ اسلام باوجود اِن دَوروں میں مبتلا ہونے کے، بڑے دُور اندیش اور بڑے عاقل و فرزانہ گزرے ہیں (نعوذ باللہ)۔ ابو جہلؔ اور ابو لہبؔ تک کو حضورؐ کے فہم و دانش، دیانت و امانت میں شبہہ نہ تھا، کفار اپنے فیصلے آپؐ سے کراتے تھے، انکار جو کچھ تھا، اور جس کسی کو بھی رہا ہے، وہ محض آپ کے دعوئ نبوت سے، صرف آپ کے تعلق مع اللہ سے، فقط آپ کے صاحبِ وحی ہونے سے رہا ہے۔ اگر یہ مسئلہ درمیان سے ہٹ جائے، اور محض آپ کی دیانت و ذہانت ہی زیر بحث رہ جائے، تو پھر نہ کوئی مومن ہے نہ کوئی کافر۔ ابو جہلؔ، صدیقؓ کا ہمنوا نظر آئے، اور ابو لہبؔ و علی مرتضیٰؓ ایک صف میں کھڑے ہو جائیں!

اگلے دشمن بھی کھُلے ہوئے دشمن ہوتے تھے۔ جو محمد رسول اللہؐ کی نبوت کے منکر تھے، وہ کھُلے ہوئے مُنکر تھے۔ یہ تماشہ آج دنیا پہلی بار دیکھ رہی ہے، کہ نبوت سے انکار ہو گا، عالم غیب پر مضحکہ ہو گا، وحی ایک بے معنی چیز سمجھی جائے گی، اور

پھر زبانوں پر دعوی یہ ہوگا، کہ ہم حقیقی مُسلِم ہیں، ہم محمدؐ کے اصلی قدر شناس ہیں، ہم عزت اسلام کے حامل ہیں، اور ہم دنیا کو اول بار صحیح اور سچی سیرت محمدی سے رُوشناس کرنے والے ہیں! اگر اسی کا نام دین کی خدمت ہے، تو خدا معلوم "تخریب دین" کسے کہیں گے؟

۵: دیوبند، ندوہ اور علی گڑھ

اکبرؔ علیہ الرحمہ کے یہ دو شعر اگر اب تک آپ نے نہ سُنے ہوں، تو اب ملاحظہ ہوں، ممکن ہے، آپ ہنس پڑیں، ممکن ہے جبیں پُر شکن ہو جائے۔ بہرصورت شعر ہیں سننے کے قابل۔

ہے دلِ روشن مثالِ دیو بند
اور ندوہ ہے زبانِ ہوشمند
ہاں علی گڑھ کی بھی تم تشبیہ لو
اِک معزز پیٹ بس اس کو کہو

"پیٹ" کی تشبیہ کو کہیں گالی نہ سمجھ لیجئے گا۔ پیٹ کے بغیر زندگی کیونکر ممکن ہے۔ ولی، شہید، غوث، قطب، آخر سب ہی تو پیٹ رکھتے ہیں۔ فرق صرف اتنا ہے، کہ پیٹ ان کے لئے ہوتا ہے، وہ پیٹ کے لئے نہیں ہوتے۔ پیٹ "مقصود" نہیں ہوتا، بہ طور ایک ضروری آلہ اور ناگزیر واسطہ کے ہوتا ہے۔ اور پھر جب اس کی بھی صراحت موجود ہو کہ حقیر و ذلیل نہیں، بلکہ معزز قسم کا پیٹ ہے، تو ذم کا کوئی سا بھی پہلو باقی نہیں رہتا۔

دیوبند، ندوہ، اور علی گڑھ یہ تین الفاظ ہیں۔ الفاظ کے چکّر میں نہ پڑ جایئے، معانی کی تلاش کیجئے۔ جو اہم حقیقتیں ان لفظوں کے پیچھے ہیں، نظر اُن پر جمایئے۔ مسلمانوں کے مدرسے اور دار العلوم، اسکول اور کالج، خدا معلوم کتنے ہیں، اور کتنے تھے، حکیم، ظریف شاعر نے سب جا جائزہ دم بھر میں لے ڈالا، اور جو سرفہرست تھے، اُن کا کچا چٹھا، دو دو لفظوں میں پیش کر دیا۔ دیوبند "دلِ روشن" ہے ندوہ "زبان ہوشمند" اور علی گڑھ "اک معزز پیٹ"۔ مگر دیوبند نام اینٹ اور چونے کا نہیں، دیوبند نام ہے، دُنیا سے بے نیاز ہو کر، خالصۃً دین کی خدمت میں لگ جانے کا۔ ابو حنیفہؒ و شافعیؒ بننے کا۔ علی گڑھ نام شاندار عمارتوں کا نہیں، علی گڑھ نام ہے گریجویٹ اور ڈاکٹر، بیرسٹر اور ڈپٹی کلکٹر بننے کا، رایٹ آنرایبل امیر علی اور جسٹس سید محمودؔ کے پیدا ہونے کا۔ ندوہ، ان دونوں کے بین بین، عبارت ہے دین و دنیا کے جوڑ ملانے سے۔ رازیؔ اور ابن رشدؔ کے تیار ہونے سے۔ منافات تینوں کے درمیان کچھ بھی نہیں، تینوں ایک دوسرے کے معین و معاون، شریک و مشارک ہیں، ایک دوسرے کے مخالف و دشمن نہیں۔

"دل" اور وہ "روشن" آپ ہی کا ہے، کسی دوسرے کا نہیں۔ "زبان"، وہ بھی "زبانِ ہوشمند" آپ ہی کی ہے۔ اسی طرح "پیٹ" اور وہ بھی "معزز" کسی اور کا نہیں، آپ ہی کا ہے۔ کیا کسی کے دل اور زبان اور پیٹ کے درمیان جنگ رہا کرتی ہے؟ یا جنگ رہنی چاہئے؟ پرورش آپ تینوں کی کیجئے، نمود و بالیدگی کے موقعے آپ سب کو دیجئے، صرف تینوں کے فرق مراتب کا لحاظ رکھئے، اور ضرورت اس کی ہے، کہ تینوں کو اپنا سمجھئے، دل کی روشنی، زبان کی ہوشمندی، اور پیٹ کا تعزز، سب اُسی

وقت تک قائم ہیں، جب تک وہ آپ کے ہیں۔ شاعر نے توہین کسی کی بھی نہیں کی ہے تینوں کے فرائض مُعیّن کر کے سب کے حدود الگ الگ کر دکھائے ہیں۔

و: دلّی کے دو مسلم ادارے

دِلّی بے شمار قابل دید چیزوں کا شہر ہے لیکن یہاں پہنچ کر اگر آپ نے دواخانہ ہمدرد اور اس کے متعلقات کو نہ دیکھا تو کچھ نہ دیکھا۔ یونانی دواخانے بڑے بڑے شہرت و نیک نامی والے پہلے بھی تھے اب بھی ہیں اور کئی تو اسی شہر دہلی میں ہیں، لیکن ہمدرد کی آن ہی دوسری شان ہی نرالی ہے۔

بسیار خوباں دیدہ ام امّا تو چیزے دیگری

دوخانہ اوّل تو خود ہی "ایک بحر ناپیدا کنار" خدا جانے کتنے شعبوں اور صیغوں میں تقسیم اور ہر شعبہ اپنی وسعت، اپنے تنوع، اپنے انضباط، اپنے سلیقہ، اپنی کارکردگی، اپنی صفائی، غرض اپنے ایک ایک کرشمہ سے دامن دل اور دامان نظر دونوں کو اپنی طرف کھینچ لینے والا۔ شربت سازی کے شعبہ میں قدم رکھیے تو بے پیاس کی پیاس لگ آئے اور خواہ مخواہ اس آب طہور کے گلاس پر گلاس چڑھانے کو جی چاہے۔ سینکڑوں نہیں ہزارہا بوتلیں خوش رنگ اور جھلکتی ہوئی وردی پوش پلٹنوں کی طرح امراض سے مقابلہ کو صف بستہ اور ماء اللحم کی تو پوچھیے ہی نہیں۔ حافظ شیرازی اور ریاض خیر آبادی اگر اس کوچہ میں آنکلتے تو بادۂ گلگوں کے جاموں پر لاحول بھیج کر عجب نہیں اس کے زمزمے سنانے لگتے اور شیخ کے وعظ اور محتسب کے تازیانے کے بغیر ہی رند بلانوش سے صوفی صفا کوش بن جاتے۔ جہاں دوائیں کٹتی

ہیں وہاں کے کھرل دیکھیے تو دیو پیکر! ظفر علی خانی صحافت کے لفظ "البرز شکن" کی یاد دلانے والے۔ غرض مرکبات، مفردات، تشخیص امراض وغیرہ کے جس حصہ میں بھی جایئے قدرت حق کے نظارے کا لطف اٹھایئے اور حکیم صاحب کے حسن انتظام اور ان کے کاروبار کی وسعت و عظمت پر عش عش کیجیے۔۔۔ جزئیات کی تفصیل اگر بیان ہو تو عجب نہیں کہ پڑھنے والے کو ٹھوس واقعات اور سنجیدہ حقائق پر گمان "فسانۂ عجائب" کا گزرے اور حکیم صاحب کے کتب خانہ کی ماشاء اللہ وسعت و جامعیت تو خود ایک مستقل عنوان کی محتاج۔

اور یہ سارا لق و دق کاروبار اور لکھو کھا کی جائیداد بجائے ذاتی ہونے کے اب ایک وقف کے ماتحت اور حکیم صاحب بجائے اس کے مالک بلاشرکت غیرے ہونے کے محض اس کے متولی و منتظم۔ یہ ایثار ہی اپنی مثال بس آپ ہے اور حسنِ انتظام جہاں عالی دماغی کی دلیل ہے وہاں یہ ایثار شہادت دے رہا ہے قلب کی فراخی اور روح کی بیداری کی۔۔۔ اور جیسے کہ یہ سارے فضائل و کمالات ناکافی ہوں اب حکیم صاحب نے کمال عالی ہمتی سے بڑے پیمانہ پر ایک جامعہ طبیہ کا انتظام ہاتھ میں لے لیا ہے اور اس کے لیے چن چن کر ملک کے اطبائے حاذقین کو جمع کر لیا ہے۔ چنانچہ ہمارے لکھنؤ کے بھی نامور طبیب شفاء الملک حکیم عبد اللطیف فلسفی کو بھی لکھنؤ سے کھینچ بلایا اور شیخ الجامعہ انھیں کو بنایا ہے۔ دہلی کی لکھنؤ پر ایک اور تازہ ترین فتح! چنانچہ یہ راز وہیں شب کے کھانے کی دعوت میں حکیم صاحب سے مل کر کھلا۔ اور جہاں دلّی کے نصیبے پر رشک ہی آیا کہ انھیں لکھنؤ سے چھین لیا وہیں لکھنؤ کی محرومی پر دل میں کچھ کڑھن بھی محسوس کی "باسایہ ترانمی پسندم" کی بات کچھ غلط

تھوڑے ہی ہے، عین فطرت بشری کا اقتضا ہے۔

دلّی کے دو ہی دیسی ادارے ایسے ہیں جنھوں نے ملک گیر شہرت حاصل کر لی ہے۔ شہر شہر بلکہ قصبہ قصبہ ان کا نام پھیل گیا ہے بلکہ بیرون ہند بھی ان کے چرچے تذکرے ہو رہے ہیں ان میں سے ایک نیک نام اور تقریباً بین الاقوامی سا ادارہ یہی ہمدرد کا ہے۔

حکیم صاحب اس سے بیک وقت نام ہندوستان کا بھی اونچا کر رہے ہیں اور مسلمانوں کا بھی۔ وطن و ملت دونوں کی خدمت ساتھ ساتھ ذٰلِکَ فَضۡلُ اللّٰہِ یُؤۡتِیۡہِ مَنۡ یَّشَآءُ ۔۔۔ رہا دوسرا ادارہ اسی زور شور کے ساتھ قریہ قریہ اپنا نام پہنچانے والا، تو اب اسی کا نام کیا لیا جائے اور اس کی نشاندہی کن لفظوں میں کی جائے۔ مسلمانوں کی گردنیں شرم سے جھکا دینے کے لیے کافی ہے۔"

ز: عید کا دن

(مولانا دریابادی کا یہ نشریہ ۱۲/اکتوبر ۱۹۴۲ء کی شام کو عیدالفطر کے موقع پر لکھنؤ ریڈیو اسٹیشن سے نشر ہوا تھا۔ اس تقریر سے تہذیبی عناصر کے علاوہ عید کی مقدس تقریب کا نہ صرف شرعی طریقہ پورے طور پر اظہر اور عیاں ہوتا ہے، بلکہ اس کی انفرادیت و عظمت بھی واضح ہو جاتی ہے۔)

عید کا دن ہماری بول چال اور شاعروں کے روزمرہ میں اگر اپنا ثانی کوئی رکھتا ہے تو وہ شب برات کی رات ہے۔ گویا یاروں کا کہنا یہ ہے کہ شب برات اگر نام ہے حلوہ اڑانے کا آتش بازی چھڑانے کا، تو عید بھی نام ہے گلے ملنے ملانے کا سوئیاں

کھانے کھلانے کا۔ لیکن شعر وشاعری کے 'ضلع' اور ادب کے 'اردو بازار' سے اگر دین داروں کے عبادت خانہ کی طرف قدم رنجہ فرمایئے تو نقشہ ہی جدا پایئے۔

فجر کے اول وقت اذان ہوئی کہ گھر گھر چہل پہل شروع ہوگئی۔ بچے روز جگانے سے بھی نہ جاگتے تھے، آج بے اٹھائے آپ ہی اٹھ بیٹھے۔ رات بھر مارے خوشی کے نیند ہی کسے آئی تھی؟ بڑے بوڑھوں نے رات کی نفلیں تک تو چھوڑی نہ تھیں، دعائیں مانگتے صبح ہی کر دی تھی، پھر جماعت میں دیر کیوں کرنے لگے۔ آج مسلمان گھروں میں نہان ہے، جسے دیکھیے اپنی جگہ لوئی کوہنے [علاج بالغسل کا موجد] بنا ہوا غسل کے انتظام میں سرگرم۔ مہینہ بھر آخر روح کو رگڑ رگڑ کر صاف کیا ہے نفس کو طرح طرح صیقل کیا ہے، حق ہے کہ آج جسم بھی روح کی ہم رنگی اختیار کرے اور ظاہر باطن کی لطافتوں کا ساتھ دے!

غرض نکھری روح، ستھرا جسم، اجلے کپڑے، روزہ دار مسلمان اس شان اور اس آن کے ساتھ گھر سے نکلا، غریبوں کی ضرورتیں پوری کرتا ہوا، یتیموں بیواؤں کے حلق میں دانہ ڈالتا ہوا، مفلسوں کی کھلی ہوئی مٹھیاں بند کرتا ہوا کہ شریعت میں اس کا نام صدقۂ فطر ہے اور یہ واجب ہے۔ کوئی دینے میں دیر کرے گا تو اپنے روزوں کے اجر کو ادھڑ میں لٹکائے رہے گا۔ قدم عید گاہ کی راہ پر پڑ رہے ہیں اور زبان ولب ہیں کہ اللہ کا نام جپ رہے ہیں۔ آج مسلمان کی خوشی کا دن ہے۔ آج وہ اپنے سالانہ جشن میں پورے ارمان نکال کر رہے گا۔ گانا نہ بجانا، ناچ نہ مجرا، گالیاں نہ بدمستیاں، زبانوں پر بس نعرہ تکبیر اور زمزمۂ توحید، اللہ اکبر اللہ اکبر لا الہ الا اللہ واللہ اکبر اللہ اکبر وللہ الحمد۔ اللہ اللہ مسرت کی مدہوشیوں میں اتنا ہوش، دو

ایک دن نہیں پورا مہینہ انھوں نے مجاہدوں میں گزار دیا ہے، دن دن بھر بھوکے رہے ہیں پیاسے رہے ہیں، کھانے کے ایک دانہ سے پانی کے ایک قطرہ سے اپنے کو روکے رہے ہیں۔ راتیں جاگ جاگ کر کاٹی ہیں، تراویح کی لمبی لمبی نمازیں پڑھی ہیں۔ تہجد کے بعد لمبی لمبی دعائیں مانگی ہیں، عید کی مسرت انھیں نہ ہو گی تو اور کس کو ہو گی؟

دن خاصا چڑھ چکا، گلی گلی سے مسلمان نکل رہے ہیں، بوڑھے بھی بچے بھی ادھیڑ بھی، کوئی پیدل کوئی سوار، سب عید گاہ کی طرف روانہ، کوئی میلہ ہے؟ کوئی تماشا ہے؟ کوئی دنگل ہے؟ کوئی کارنیوال ہے؟ جی نہیں صرف نماز پڑھنے، ایک ان دیکھے حاکم کے آگے جھکنے اور گرنے۔ لیکن یہ اتنی بڑی تعداد میں نمازی کہاں سے پیدا ہوئے؟ نماز تو آخر روز ہی فرض تھی روز اتنا مجمع کیوں نہیں ہوتا؟ اور اس ہجوم میں تو وہ بھی نظر آ رہے ہیں جو ایک ایک اٹھوارہ کیا معنی ایک ایک سال گزر جاتا ہے اور سجدہ نہیں کرتے، تو یہ بات کیا ہے جو عید گاہ کی کشش ان بے نمازیوں کو بھی کھینچے لیے جا رہی ہے؟ یاد آیا وہ ایک سچے نے کہا تھا نا کہ عید کے تڑکے سے ایک اللہ کا فرشتہ پکار کر تا رہتا ہے لوگوں نماز کے لیے چلو۔ ہو نہ ہو یہ اسی کا اثر ہے اسی نور کا ظہور ہے۔ فرشتہ کی آواز سننے کی تاب تو بھلا ہمارے یہ مادی کان کیا لا سکتے ہیں، لیکن دل کے کانوں نے سُنا اور سال سال بھر کے بے نمازی آج نمازی بن گئے۔

عید کا دن صدقہ و خیرات کا دن ہے، چھٹی نماز کا دن ہے، مالی اور بدنی دونوں عبادتوں میں مزید اضافہ کا دن ہے، اللہ اور بندوں دونوں کے حق ادا کرنے میں اور

زائد فکر و اہتمام کا دن ہے۔ عید کی نماز روز کی پانچ نمازوں کے علاوہ ایک چھٹی نماز ہے، صبح کے بعد اور دوپہر سے پہلے، رکعتیں کل دو، لیکن تکبیریں کئی زائد۔ عید گاہ عید گاہ کا نام کئی بار آچکا، خیال ہوتا ہوگا کہ کوئی بڑی عالی شان عمارت ہوگی، آراستہ و قابل دید۔ جی یہ کچھ نہیں نہ تصویریں نہ فرنیچر، نہ ہال نہ بر آمدہ، نہ دالان نہ شہ نشین، نہ بالا خانے نہ دریچے۔ مکانیت اتنی بھی نہیں جتنی کہ معمولی مسجد کی ہوتی ہے۔ پٹی ہوئی چھت تک سے محرومی، دھوپ کا بچاؤ نہ بارش سے پناہ، بس ایک لمبی سیدھی سی قناتی دیوار مغرب کی جانب، بیچ میں ایک منبر اور سامنے ایک چبوترہ۔ کل یہ کائنات اور اس میں کشش اس غضب کی! بے جسم و بے مکان، بے صورت و بے تصویر والے خدا کی عبادت گاہ ہونی چاہیے بھی ایسی ہی سادہ، ایسی ہی بے رنگ! خالق کائنات کی عظمت اور مخلوق کے ہیچ ہونے کا تصور جیسا اس ماحول میں پیدا ہو سکتا ہے اور کہیں کہاں ممکن؟

نمازی جمع ہولیے تو اب نماز کی تیاریاں شروع ہو گئیں۔ گھنٹہ گھنٹی تو کبھی بھی نہیں ہوتا آج اذان بھی نہ ہوئی۔ خلقت خود ہی ٹوٹی پڑتی ہے دوڑی ہوئی کھنچی ہوئی چلی آرہی ہے، پھر بلانے کی پکارنے کی ضرورت ہی کیا۔ صفیں کھڑی ہونے لگیں اور کچھ دیر اُن کی درستی ہوگی۔ اسلام کا نظام سارے کا سارا نیم عسکری ہے، صفوں کی درستی کی اس میں بڑی اہمیت ہے، اس کی قدر کوئی فوج والوں سے پوچھے۔ خیر صفیں ٹھیک ہو گئیں اور سب ایک ساتھ کھڑے ہو گئے۔ بوڑھے بھی جوان بھی، امیر بھی غریب بھی، خادم بھی مخدوم بھی، زردار بھی نادار بھی، محمود بھی ایاز بھی، عطر میں ڈوبے ہوئے رئیس بھی، پسینے میں لت پت مزدور بھی،

قدم سے قدم ملائے ہوئے شانہ سے شانہ بھڑائے ہوئے۔ سب ایک ہی امام کے پیچھے، اس کی ایک آواز پر، سب اس کے پیچھے دست بستہ کھڑے ہوگئے، اسی کی آواز پر سب ایک ساتھ جھکیں گے، سب ایک ساتھ گریں گے، سب ایک ساتھ اٹھیں گے۔ شخصیتیں مٹ گئیں تفرقے فنا ہوگئے، پرزے مشین میں فٹ ہوگئے، اینٹ اینٹ جڑ کر دیوار بن گئی۔ عبودیت کے روحانی پہلوؤں کو چھوڑیے، ربط اجتماعی کا عجیب وغریب نظارہ! اپنوں کو قدر ہو یا نہ ہو باہر کے اہل نظر تو نظم واطاعت (ڈسپلن) کے اس پر اثر منظر پر لوٹ لوٹ گئے ہیں۔ امریکہ کے ڈاکٹر Denisan اور یورپ کے بشپ L.fray, اور سر ٹامس آرنلڈ، یہ تین نام تو اس وقت برجستہ یاد ہی پڑ گئے۔

امام نے سلام پھیرا تو سب ہی نماز سے باہر آگئے۔ اب خطبہ کی باری آئی، امام نے خطبہ سنایا، اسلام کی سرکاری زبان عربی میں، عید کے مسائل اور عید کے فضائل پر۔ یہ بھی ہو لیا تو اب دعا کے لیے ہاتھ اٹھے اور دعا مانگی گئی ذرا لمبی سی۔ اس کے بعد سب اٹھ کھڑے ہوئے اور واپسی شروع ہوئی۔ عید گاہ کے باہر جو دکانیں لگی ہوئی ہیں ان کی سیر کرتے ہوئے، سودا خریدتے ہوئے دین کے تحت اور ضمن میں دنیا کا بھی نفع کماتے ہوئے۔ بازار کا سماں دکھانے میں کوئی سرور کا قلم اور فسانۂ عجائب کی زبان کہاں سے لائے! حلوائی صاحب ہیں کہ گاہکوں کے پرچانے میں لبھانے میں خود ہی قند کی طرح گھلے جاتے ہیں، باتیں وہ میٹھی میٹھی بناتے ہیں کہ سننے والے ہونٹ چاٹتے رہ جاتے ہیں۔ کبابیوں کے ہاں کی خوشبو ناک میں آجائے تو منعم کے منہ میں پانی بھر آئے اور مفلس کا دل حسرت سے خود کباب ہو جائے۔

ہوا دیتے جاتے ہیں سرخ سرخ سیخوں کو بھی اور خریداروں کی آتش شوق کو بھی۔ کہیں چائے کے دَور دلوں کو گرمائے ہوئے کہیں کھلونے والے اپنی صداؤں سے آسمان سر پر اٹھائے ہوئے۔ اِدھر پھیری والوں کی چیخ پکار، اُدھر حقہ پان سگریٹ کی دوکانوں پر بہار۔ نان بائیوں کے ہاں دیگیں چڑھی ہوئیں، برف والوں کے ہاں قیاقھیں جمی ہوئیں۔

نمازیوں کی واپسی ہوئی تو دوسرے راستہ سے اور اس راستہ میں بھی وہی توحید کا کلمہ پڑھتے پڑھاتے، اللہ کی حمد سناتے، اللہ کی بڑائی جتاتے۔ گھر سے نکلے تھے عبدیت کا فرض ادا کرنے، گھر میں داخل ہوئے اس فرض کو ادا کر کے۔ دن بھر ملنے ملانے میں صرف ہوا، دوستوں سے عزیزوں سے، اپنوں سے بیگانوں سے، جن کے ہاں کبھی نہیں جاتے تھے، آج جائیں گے۔ جو ان کے ہاں کبھی نہیں آتے تھے آج آئیں گے۔ خاطر داریاں مہمان نوازیاں دن بھر جاری رہیں گی۔ اس میں نماز ظہر کی بھی ہو گی عصر کی بھی، یہاں تک کہ وقت مغرب کا آجائے گا اور اللہ اکبر کی آوازیں بلند ہونا اور انسانی حلق کے Transmitter سے یہ نشر ہونا تمام ہو گا۔ شروع ہوا تھا اللہ اکبر کی کبریائی کے اعلان سے، ختم ہو گا اللہ اکبر کی کبریائی کے اعلان پر!

***

۴

الفاظ کا جادو

اگر آپ کا تعلق اونچے طبقہ سے ہے تو کسی "سرا" میں ٹھہرنا آپ کے لیے باعث توہین، لیکن کسی "ہوٹل" میں قیام کرنا ذرا بھی باعث شرم نہیں، حالانکہ دونوں میں کیا فرق بجز اس کے ہے کہ "سرا" مشرقی ہے، ہندوستانی ہے، دیسی ہے اور "ہوٹل" مغربی ہے، انگریزی ہے، ولایتی ہے۔ کوئی اگر یہ کہہ دے کہ "سرا" کے فلاں "بھٹیارے" سے آپ کا یارانہ ہے تو آپ اس کا منہ نوچ لینے کو تیار ہو جائیں لیکن فلاں ہوٹل کے منیجر سے آپ کا بڑا ربط وضبط ہے اسے آپ فخریہ تسلیم کرتے ہیں۔ حالانکہ سرا کے "بھٹیارے" اور ہوٹل کے "منیجر" کے درمیان بجز ایک کے دیسی اور دوسرے کے ولایتی ہونے کے اور کوئی فرق ہے؟ کسی مدرسہ میں اگر آپ "مدرس" ہیں تو بات کچھ معمولی ہی ہے، لیکن کسی "کالج" میں آپ "لکچرار" یا "پروفیسر" ہیں تو معزز ہیں، صاحب وجاہت ہیں، حالانکہ اپنے اصل مفہوم کے اعتبار سے "مدرس" اور پروفیسر" ایک ہی چیز ہیں۔

ندوہ کے "دارالاقامہ" میں اگر آپ قیام پذیر ہیں تو آپ کا دل کچھ خوش نہیں ہوتا لیکن اسی "دارالاقامہ" کا نام جب آپ "شبلی ہوسٹل" سنتے ہیں تو آپ کا چہرہ

فخر و خوشی سے دمکنے لگتا ہے۔ "مدرسہ" میں اگر آپ پڑھتے یا پڑھاتے ہیں تو خود اپنی نظروں میں آپ بے وقعت ہیں لیکن اگر آپ کا تعلق کسی "کالج" سے ہے تو پھر آپ سے زیادہ معزز کون ہے؟ اب ہر مدرسہ طبیہ، طبیہ اسکول اور "مدرسہ تکمیل الطب" اور "مدرسہ منبع الطب" اب "تکمیل الطب کالج" اور "منبع الطب کالج" ہیں۔ مدرسہ وہاجیہ طبیہ کا زمانہ گیا۔ اب اس کا صحیح نام طبیہ وہاجیہ "کالج" ہے۔ طبی درس گاہوں کو چھوڑیے، خود دینی درس گاہوں کا کیا حال ہے؟ وہ دن گئے جب زبانوں پر "مدرسہ چشمۂ رحمت" کا تذکرہ تھا۔ اب وہ چشمۂ رحمت کالج ہے اور وہاں کے صدر مدرس "پرنسپل" صاحب ہیں۔ مدرسۂ نظامیہ فرنگی محل کے سب سے بڑے استاد کو "صدر مدرس" ذرا کہہ کے تو دیکھیے آپ کی غلطی کی تصحیح کی جائے گی کہ ان کا عہدہ اب صدر مدرسی کا نہیں "پرنسپلی" کا ہے۔

کوئی آپ سے کہے کہ یہ کیا آپ گلی میں کھڑے ہو کر "گلی ڈنڈا" کا تماشہ دیکھ رہے ہیں تو آپ شرما سے جائیں گے، لیکن آپ "کرکٹ" یا "فٹ بال" یا ہاکی کی میچ کھلے میدان میں دیکھ رہے ہوں گے، تو اس وقت نہ آپ اپنے بڑوں سے شرمائیں گے نہ چھوٹوں سے بلکہ عجب نہیں کہ گراں قدر ٹکٹ خریدنے کے بعد دوسروں کی طرف اکڑ کر دیکھیں۔ مینڈھے لڑاتے ہوئے یا بٹیر بازی یا مرغ بازی کرتے ہوئے اگر آپ کہیں پکڑ لیے گئے تو اپنے کو کسی کے سامنے منہ دکھانے کے قابل نہیں سمجھیں گے لیکن جب شہر میں باکسنگ کا مقابلہ ہوگا یا کوئی HEAYY WEIGHT CHAMPION آجائیں گے تو ان کا تماشہ دیکھنا تہذیب و روشن خیالی میں داخل۔ کہیں چوری چھپے "رہس" یا "نوٹنکی" دیکھنے کھڑے ہو جایئے تو خود آپ کی ثقافت اور وضع داری آپ پر لاحول پڑھنے لگے لیکن تھیٹر میں آدھی آدھی

رات بے تکلف بسر کیجیے کہ "ڈراما" جیسے فن شریف کی شرافت و عظمت میں کسی کو کلام ہو سکتا ہے؟

اپنے دیس کے کسی بھانڈ، کسی سازندہ، کسی ڈھاڑی سے اگر آپ سے شناسائی ہو گئی ہے تو اس کا ذکر آپ اپنے دوستوں اور بے تکلف ہم عصروں کے سامنے بھی کچھ جھینپ ہی کر کرتے ہیں، لیکن "چارلی چلپن" اور "میری پکفرڈ" کے کمالات اور "آرٹ" کی جتنی داد جی چاہے دیجیے۔ بھری محفلوں میں، بزرگوں اور استادوں کے مجمع میں اور اخبارات کے صفحات میں آپ کی نقادی ہی کی داد ملتی جائے گی؟ "نٹوں" کا پیشہ بھی بھلا کوئی عزت کا پیشہ ہے اور خدانخواستہ آپ سے کسی نٹ یا نٹنی ملاقات کیوں ہونے لگی، لیکن وہی قلابازیاں کھانے والے جب سرکس والے اور سرکس والیاں بن کر آپ کے سامنے آتے ہیں، تو نہ آپ ان سے ملنے میں شرماتے ہیں، نہ تعلقات بڑھانے میں۔

جوئے یا جواریوں سے ظاہر ہے ہماری شرافت کو کیا تعلق ہو سکتا ہے۔ کوئی ہمیں جواری کہہ دیکھے۔ اپنی جان اور اس کی جان ایک کر دیں، لیکن گھوڑ دوڑ کے دنوں میں اور کارنیوال کی راتوں میں، دن دہاڑے اور بجلی کی روشنی میں یہی ذلت ہمارے لیے عین عزت بن جاتی ہے اور بڑے بڑے رئیس اور معززنہ جوئے کی بازی لگاتے ہوئے شرماتے ہیں اور نہ اپنے کو ریس باز کہلاتے۔ نخاس میں کسی کباڑیے کی دکان پر مول تول کرنا ہماری عزت و شرافت کے لیے باعث ننگ، لیکن مال روڈ پر "پیک ایلن" کی کوٹھی میں گشت لگانے میں نہ کوئی عار ہے نہ کوئی شرم، اس لیے کہ "پیک ایلن" صاحب کوئی کباڑیے تھوڑا ہی ہیں، "آکشنر" اور "نیلامیے" ہیں۔

چوک اور امین آباد میں کسی حلوائی کی دکان سے پوری مٹھائی اپنے ہاتھ سے خریدیے تو نظریں بچا بچا کر، لیکن حضرت گنج میں ویلریو کی دکان کے سامنے اپنا موٹر کھڑا کر کے کیک و پیسٹری کی خریداری بہ نفس نفیس، بلا جھجک فرمائیے، اس لیے کہ "ویلریو" حلوائی نہیں، "کنفکشنر" ہے، نظیر آباد کے کسی چوراہے پر کسی شربت والے کی دکان سے فالودہ کا گلاس خریدنا آپ کی خودداری کے منافی، لیکن حضرت گنج میں صاحب کی جگمگاتی دکان پر آئس کریم نوش فرمانا آپ کی عزت اور شان کے عین مطابق۔ کسی نانبائی کی دکان کا نام اگر "ریسٹران" پڑ جائے تو وہی عار فخر میں تبدیل ہو جائے۔ "نائی" بیچارہ جب تک محض نائی ہے یا حجام، اس کے استرے اور کسوت کے آگے سر جھکانا آپ کیوں کر گوارا فرما سکتے ہیں، لیکن وہی جب اپنے کو ہیئر ڈریسر Hair Dresser کہلانے لگے اور اپنی چوراہے کی دکان پر "ہیئر کٹنگ سیلون" کا سائن بورڈ لگا دے تو وہی ناگوار آپ کے لیے خوشگوار و پسندیدہ بن جائے۔

عدالت کا پیادہ جب تک "چپراسی" یا "مذکوری" ہے، حقیر و ذلیل ہے لیکن وہی پیادہ اگر "بیلف" کہہ کر پکارا جائے تو معزز ہے اور آپ کی زبان پر محض بیلف نہیں بلکہ "بیلف صاحب" آنے لگے۔ کوئی چمار یا موچی اس قابل کب ہوتا ہے کہ آپ اسے منہ لگائیں، لیکن وہی رذیل اگر کسی ٹینری کا مالک کہلانے لگے تو معاً اس کی رذالت آپ کی نگاہ میں عزت و شرافت سے بدل جاتی ہے اور دنیا کے سب سے بڑے موچی باٹا کی قوم سے تعلق رکھنا تو عین دلیل اعزاز۔ بستی کا ساہوکار یا مہاجن بڑے سے بڑا ہو، آپ کی نظر میں محض "بنیا" ہے لیکن وہی بنیا اگر وہیں کسی بینک کا منیجر ہو جائے یا اپنے کو بینکر کہلانے لگے تو دیکھئے تو اس کا مرتبہ دم بھر میں کہاں سے کہاں پہنچ جاتا ہے۔ کسی رئیس کا "مصاحب" آپ میں نظر میں، اخلاقی حیثیت سے

بے عملی، خوشامد، چاپلوسی اور خود فروشی کا مجسمہ ہے لیکن صاحب کے "پرائیویٹ سکریٹری" اور "اے ڈی سی" کا نام ادھر آیا اور ادھر معاً آپ کی نظروں میں کارکردگی و مستعدی، رعب و دبدبہ کی تصویر پھر گئی۔

پنچایت کا نام آیا اور آپ کے ذہن نے پنچ قوموں کا تصور شروع کر دیا، لیکن ادھر پنچایت کے بجائے پارلیمنٹ اور اسمبلی، کونسل اور کارپوریشن کے الفاظ بولے گئے اور آپ کا ذہن ان فرنگی پنچایتوں کی بلندیوں پر رشک کرنے لگا۔ کوئی مولوی غریب اگر عالمگیری اور شامی کے جزئیات فقہی کا حافظ ہے تو غبی ہے، کودن ہے، کندہ ناتراش ہے، محض ملّاٹا ہے، لیکن اگر کسی ایڈوکیٹ یا بیرسٹر صاحب کو ہائی کورٹ اور سپریم کورٹ کے نظائر ازبر ہیں تو ان کی قابلیت، خوش دماغی اور ذہانت کے اعتراف میں سب سے آگے آپ ہی ہیں۔

فسانۂ عجائب اور طلسم ہوشربا کے نام آج مجال ہے کہ کوئی زبان پر لا سکے لیکن لندن اور برلن، پیرس اور نیویارک سے کتنے ہی نئے نئے عجائب افسانے اور کتنے ہی ہوشربا طلسمات رومانی ناولوں کے نام سے، جاسوسی افسانوں کے نام سے "سنسنی خیز" خبروں کے نام سے، صاعقہ اثر ڈراموں کے نام سے اور خدا معلوم کن کن ناموں سے ہر سال اور ہر ہفتہ اور ہر روز اور ہر صبح اور ہر شام شائع ہوا کریں، ان سے باخبر رہنا اور پوری دلچسپی وانہماک کے ساتھ ان کے نشرواشاعت میں، ان کے پڑھنے پڑھانے میں لگے رہنا علم وروشن خیالی کی دلیل اور مہذب و تعلیم یافتہ ہونے کی سند!

کوئی آپ کو صلاح دے کہ "لوہاری" کا پیشہ اختیار کیجئے، تو آپ اسے گالی سے کچھ ہی کم سمجھیں لیکن "میکنیکل انجینیری" کے عہدہ کی طرف آپ خود لپک کر بڑھ رہے ہیں۔ "جراح" کے لفظ سے جو تخیل آپ کے ذہن میں پیدا ہوتا ہے وہ

کس درجہ پست ہے لیکن "سرجن" کا نام لینے سے اس پستی میں کتنی بلندی آجاتی ہے۔ محلہ اور پڑوس کے "جلاہے" آپ کے خیال میں پست وادنیٰ، لیکن کپڑا بننے والے اگر لنکاشائر کے ہیں، تو کیا ان کی بابت بھی آپ کا یہی خیال ہے؟ "بزاز" گز ہاتھ میں لیے اور مزدور کے سر پر گٹھری اٹھائے، شہر میں پھیری کرتے پھرتے ہیں، ان کی کوئی عزت و وقعت نگاہ میں نہیں، لیکن وہی کپڑا بیچنے والے اگر مانچسٹر کے باشندے ہیں تو بس معزز ہیں، بلند ہیں۔ "بزرگوں" کے سالانہ فاتحہ منانا دلیل حمق و علامت وہم پرستی، لیکن فلاں کالج کے احاطے میں "فاؤنڈرس ڈے" یا "یوم تاسیس" دھوم دھام سے منانا، دلیل دانش و برہان روشن خیالی۔

لکھنؤ کے چوک یا دہلی کی چاوڑی کی پیشہ ور کا نام آپ بے تکلفی اور آزادی کے ساتھ ہرگز اپنے کسی بزرگ کے سامنے نہ لیں گے، نہ کسی کا ناچ مجرا دیکھنے کھلم کھلا تشریف لے جائیں گے لیکن ڈرائنگ روم میں گھر کے سب مردوں اور عورتوں لڑکوں اور لڑکیوں کے سامنے ریڈیو سے بے تکلف آپ فلاں بائی جی اور فلاں "جان" کے نغموں، ٹھمریوں سے لطف اٹھائیں گے اور فلم ایکٹرس جو بھی آپ کے دل میں جگہ کرلے گی، پوری بے باکی سے آپ اس کے چرچے ہر چھوٹے بڑے کے سامنے کریں گے۔

کوئی کہاں تک گنائے اور ناموں اور لفظوں کی کتنی لمبی فہرست تیار کرے۔ نمونہ کے لیے یہ کافی بلکہ کافی سے کچھ زیادہ ہی ہیں۔ اپنی واقفیت کی دنیامیں خود نظر دوڑایئے اور دیکھ لیجئے کہ زندگی کے ہر شعبہ میں، معاشرت و معاملت کے ہر گوشہ میں فرنگیت کا کتنا رعب ہم پر، اور آپ پر چھایا ہے۔ حقیقت ایک، معنی و مفہوم متحد، لیکن جو لفظ اور جو نام، فرنگیت کے راستہ سے "صاحب" کے رشتہ سے، آپ

کے کانوں تک پہنچے ہیں ان میں ان کے دیسی مترادفات سے کتنی زیادہ عظمت، کتنی زیادہ اہمیت، کتنی زیادہ بلندی ہمارے دلوں اور دماغوں نے غیر محسوس طور پر قبول کر لی ہے! اگلوں نے بہت کیا تو یہی کیا تھا کہ ملک فتح کر لیے، قلعے سر کر ڈالے، فوجوں کو میدان جنگ میں شکست دے دی۔ اس سے زیادہ نہ چنگیز سے کچھ بن پڑا نہ ہلاکو سے، نہ دارا سے نہ سکندر سے، یہ شرف مخصوص اسی دوریاجوجی کے لیے اٹھ رہا تھا کہ جسم کے ساتھ ساتھ دل و دماغ بھی فتح کر لیے جاتے ہیں اور ہاتھوں پیروں کے علاوہ عقلوں، دماغوں اور بصیرتوں سے بھی خط غلامی لکھالیا جاتا ہے۔

یہاں تک کہ غریب محکوموں کے پاس خیر و شر، حسن و قبح، ہنر و عیب کا معیار لے دے کے بس یہی ایک رہ جاتا ہے کہ "صاحب" کی چشم التفات کدھر ہے؟ عزت بھی "صاحب" کی دی ہوئی اور دولت بھی سرکار کی مرحمت کی ہوئی۔ دین بھی وہیں کا عطیہ، اور دنیا بھی وہیں کی بخشش، اب نہ ہندو ہندو ہے، نہ مسلمان مسلمان۔ سب رعایائے سرکار۔ اب نہ کوئی اللہ دین ہے نہ رام دین بلکہ سب کے سب چھٹ چھٹا کر "صاحب دین۔"

الفاظ عمومی کو چھوڑیے۔ ستم یہ ہے کہ اعلام اور اسماء معرفہ تک یورپ زدگی کی وبا سے محفوظ نہیں۔ میاں "کلو" کو آپ نے اپنے ہاں جب دیکھا، اکہّ بانی ہی کرتے پایا لیکن میجر بلیک (BLACK) آپ کے شہر کے ممتاز سول سرجن ہیں۔ "کلوا مہتر" آپ کے محلہ ہی میں رہتا ہے لیکن پروفیسر بلیکی (BLACKEE) یونیورسٹی کے ایک ممتاز پروفیسر ہیں! "لالہ گھاسی رام" بیچارے "کانجی ہاؤس" کی محرری سے عمر بھر آگے نہ بڑھ سکے، لیکن بریگیڈیر جنرل "ہے" (HAY) برطانوی فوج کے ایک مشہور و معروف افسر ہیں۔ "میاں رمضانی" اور میاں شبراتی کی ساری

عمر خدمت گاری میں گزری لیکن مسٹر "مے" (MAY) اور ڈاکٹر فرائڈے (FRIDAY) پارلیمنٹ کے نامور ممبر ہیں۔

"مٹھو" کہار اور "طوطا" کلوار آپ کی بستی ہی میں اپنی زندگی کے دن پورے کر رہے ہیں لیکن "سرجان پارٹرج" (PARTRIDGE) آپ کے صوبہ کے گورنر تھے۔ مسٹر "کاک" (COCK) اس وقت آپ کے ضلع کے کلکٹر ہیں اور "سوان" (SWAN) صاحب ابھی تبدیل ہو کر کمشنری پر گئے ہیں۔ آپ کے ماما کا لڑکا "شیرا" بیچارہ اب تک چپراسی کی جگہ امیدواری کر رہا ہے لیکن "بل" صاحب (BULL) ترقی پاکر کمشنر ہو گئے اور مسٹر لیمب (LAMB) اور مسٹر "کڈ" (KID) آپ کے ضلع میں حاکم بندوبست اور جائنٹ مجسٹریٹ ہیں۔ "دریاؤ سنگھ" غریب کو لائن جمعداری سے آگے بڑھنا نصیب نہ ہوا۔ سر جان لیک (LACK) دیکھتے دیکھتے ای آئی آر کے ایجنٹ ہو گئے! "لالہ لوہاری مل" کے چلائے عرائض نویسی کا کام بھی نہ چلا، جسٹس اسمتھ (SMITH) ہائی کورٹ کی ججی پر پہنچ گئے۔ "شیخ جھاؤ" کی زندگی نور بافی کرتے کرتے ختم ہو گئی۔ سرچارلس "ووڈ" (WOOD) حکومت ہند کے ہوم ممبر ہیں۔ جنگلی گھسیارہ بیچارہ عمر بھر گھاس ہی چھیلا کیا، سر جان فارسٹر (FORESTER) سنا ہے کہ امریکہ میں برطانیہ کے کونسل جنرل ہو گئے۔

***